总顾问：王明哲

总主编：张　量

历史不能忘记系列⑱

华侨支援祖国抗战纪实

任贵祥◎著

中国民主法制出版社

2015年·北京

图书在版编目（CIP）数据

华侨支援祖国抗战纪实/任贵祥著．—2 版．—北京：中国民主法制出版社，2015.7（2020.7 重印）

（历史不能忘记系列）

ISBN 978-7-5162-0953-0

Ⅰ．①华… Ⅱ．①任… Ⅲ．①华侨—抗日救国—史料—青少年读物 Ⅳ．①K265.06-49

中国版本图书馆 CIP 数据核字（2015）第 180517 号

历史不能忘记系列

张量 主编

图书出品人：刘海涛

出 版 统 筹：赵卜慧

责 任 编 辑：吕发成 陈棣芳

书名/华侨支援祖国抗战纪实

作者/任贵祥 著

出版·发行/中国民主法制出版社

地址/北京市丰台区玉林里7号（100069）

电话/63055259（总编室） 63057714（发行部）

传真/63056975 63056983

http://www. npcpub. com

E-mail:mzfz@npcpub. com

经销/新华书店

开本/32 开 880 毫米×1230 毫米

印张/6. 125 **字数**/121 千字

版本/2015 年 7 月第 2 版 2020 年 7 月第 3 次印刷

印刷/三河市人民印务有限公司

书号/ISBN 978-7-5162-0953-0-01

定价/20. 00 元

修订版序

中国出版集团旗下中国民主法制出版社，将在中国人民抗日战争暨世界反法西斯战争胜利70周年之际，修订再版“历史不能忘记”系列丛书，我感到非常高兴。当年我参加组织编写了这套丛书，得到了社会的认可。在老一辈无产阶级革命家杨成武同志为第一版作序后，由我为再版作序。虽然水平有限，然出版社坚持，也只好尽力而为了。

1993年以后，日本国内的右翼势力开始猖獗，日本政局也开始出现右倾化的动向，不时上演参拜靖国神社、篡改历史教科书、否定南京大屠杀，为日本侵华战争涂脂抹粉，企图推卸战争责任的闹剧。前事不忘，后事之师。要让中国人民和世界人民永远牢记这段历史，尤其要让青少年从小就了解、记住这段历史。在我国国内，虽然抗日战争方面的图书资料很多，却难见一套比较系统地对青少年进行抗日战争方面的爱国主义教育的丛书。1998年初，中国民主法制出版社的编辑赵卜慧等同志策划了“历史不能忘记”系列丛书。受出版社邀请，我组织时任中国社会科学院近代史研究所所长、《抗日战争研究》杂志主编、中国抗日战争史学会副会长张海鹏，中国第二历史档案馆馆长、中国抗日战争史学会理事周忠信，中国人民大学中共党史系主任、博士生导师陈明显，中国人民抗日战争纪念馆编研部主任、中国抗日战争史学会常务理事、研究员张量和中国人民解放军军事医学科学院研究员、细菌学专家郭成周以及对抗日战争史有深入研究的专家学者，精心编写了这套丛书。这套丛书收录了大量的史料和图片，有些是首次公之于众的，揭露了日本侵略中国所犯下的滔天罪行，如南京大屠杀、日军细菌部队罪行等；讴歌了中国人民浴血奋战，与日本侵略者血战到底的气壮山河、可歌可泣的民族精神，如八一三淞沪会战、台儿庄战役、百团大战等。该丛书第一版推出12本，于1999年9月出版。丛书出版后在读者中引起了很好的反响，当年就名列共青团中央“中国新世纪读书计划第7期新书推荐榜”，并被列为上海市中小学生图书馆必备书目，荣获第9届上海市中小学生优秀课外读物三等奖。

近几年，日本政府在右倾化的道路上越走越远，尤其是安倍上台以后，不但矢口否认历史，而且否认对侵略历史表示歉意的“村山谈话”，挑起诸多事端，解禁集体自卫权，对外出售武器，动摇日本战后和平宪法的根基，加快日本军国主义的复活，引起世界各国尤其是曾经遭受日本军国主义铁蹄蹂躏的亚洲邻国的高度警惕。

为了铭记历史、缅怀先烈、珍视和平、警示未来，2014 年 2 月 27 日，全国人大常委会通过了《全国人民代表大会常务委员会关于确定中国人民抗日战争胜利纪念日的决定》，以法律的形式，将每年 9 月 3 日确定为中国人民抗日战争胜利纪念日；2014 年 4 月 10 日，又通过了《全国人民代表大会常务委员会关于设立南京大屠杀死难者国家公祭日的决定》。今年是中国人民抗日战争暨世界反法西斯战争胜利 70 周年，我国将在纪念日举行空前盛大的阅兵活动，向世界宣示中国维持战后世界秩序的坚定决心。

在此之际，修订再版“历史不能忘记”系列丛书，充分体现了中国民主法制出版社的担当意识和责任精神。丛书站在新的历史方位，挖掘和整理最新史学研究成果和文献资料，由初版 12 册增加到 22 册，内容更加丰富，事实更加清晰，范围更加广阔，尤其是把儿童抗战、文化抗战、台湾抗战、空军抗战、海军抗战等鲜为人知的抗战史料呈现在读者面前。不难看出策划者把这套丛书作为精品工程精心来打造的良苦用心。

2014 年 7 月 7 日，习近平总书记在纪念全民族抗战爆发 77 周年仪式上指出，历史是最好的教科书，也是最好的清醒剂。中国人民对战争带来的苦难有着刻骨铭心的记忆，对和平有着孜孜不倦的追求。中国的抗日战场，是世界反法西斯战争的东方主战场，中国抗日战争的胜利，为世界反法西斯战争作出了积极贡献。中国抗日战争的胜利，是中国近代以来第一次取得的反对外来侵略的彻底胜利，一雪百年屈辱历史，它是中华民族由衰败走向振兴的重大转折。

实现民族复兴的中国梦，是每一位中华儿女共同的历史使命。中华民族的伟大复兴、美丽中国梦的实现，许多道理需要让历史告诉未来。中国人民会铭记这段历史，以史为鉴，时刻保持清醒头脑，警惕日本军国主义的死灰复燃，牢记“落后就要挨打，就要受人欺负”的教训，紧密地团结在以习近平为总书记的党中央周围，发奋图强，努力学习和工作，把我们的国家建设得日益繁荣富强，为早日实现中华民族伟大复兴的中国梦而努力奋斗。

中央档案馆原馆长

中国档案学会原理事长

中国抗日战争史学会原副秘书长　王明哲

2015年5月

第一版序

抗日战争，这是个历史性和现实性都很强的话题。

说它具有很强的历史性，那是因为，这场战争的爆发距今毕竟已有62年。时至今日，战争的硝烟早已散尽，在和平共处五项原则的基础上，中日两国正面向未来，致力于建设和平与发展的友好合作伙伴关系。至于有关反映抗日战争的文章和书籍，60多年来则更是难计其数。

说它具有很强的现实性，则是由于：其一，抗日战争毕竟是自1840年鸦片战争以来，帝国主义列强发动的历次侵华战争中最残酷的一场战争，也是中国人民反抗外来侵略最坚决并最终取得全面胜利的一场战争。这场惨绝人寰的侵略战争造成了3500万中国人的伤亡，造成了1000亿美元的直接财产损失，使千百万中国人流离失所。这么一场空前的民族大灾难，无论如何不应该也无法从人们的记忆中抹去。其二，抗日战争虽然早已结束，但它给我们留下许多血的教训：得道多助、失道寡助。尽管有一时的强弱之别，然而玩火者必自焚，正义终将战胜邪恶；贫穷、落后就要挨打，就会受人欺辱，只有国家富足强盛，才能人民安居乐业……所有这些，都将犹如警钟长鸣，时时警示着世人。其三，人总是要有点精神的。中华儿女在这场民族灾难中所表现出来的浴血奋战、不怕牺牲的抗战精神，作为一种极其宝贵的精神财富，无论时间再久远，都将永久地熠熠生辉、光芒四射。在和平的年代里，在社会经济建设中，我们仍然需要弘扬这种宝贵的民族精神。其四，随着时间的推移，抗日战争渐渐成为历史，年青的一代只能从历史书籍、从教科书中去了解这场战争的真相了。也正因为如此，在日本，总有那么一些人不时地挑起事端，他们或在教科书问题上大做文章，或在日军侵华史实上黑白颠倒，企图篡改历史，误导后人。历史霎时间似乎成了一个任人打扮的小女孩。为此，要不要把这场战争的本来面貌告诉世人特别是年青的一代，显然成了摆在每一个史学工作者面前的现实问题。

有鉴于此，中国民主法制出版社约请了长期从事抗日战争问题研究、占有大量客观资料的专家学者，历时数载，撰写了这套“历史不能忘记”丛书。丛书本着对历史负责，对后人负责的态度，严格尊重史实，凭借事实说话，分《以史为鉴　面向未来》《九一八事变》《七七卢沟桥事变》《八一三淞沪会战》《平型关战役》《台儿庄战役》《南京大屠杀》《百团大战》《日军细菌战》《中国空军抗战》《中国海军抗战》《中国抗日远征军》

《抗日英烈民族魂》《华侨支援祖国抗战纪实》《国际友人与抗日战争》《华北抗日》《华东抗日》《华南抗日》《抗战中的延安》共19个分册，全方位多角度、系统客观地披露和介绍了抗日战争的爆发背景以及发动经过、侵华日军在战争中所犯下的滔天罪行、中国军民抗击侵略者的著名战役、献身于抗战的民族英烈等。其中，一些材料和观点尚属首次公开发表。

日本的一位首相曾经说过："我们无论怎样健忘，也不能忘记历史。我们可以学习历史，但不能改变历史。"作为一种民族灾难，抗日战争过后的今天，无论是挑起这场战争的加害国还是遭受侵略的被害国，惟有正视史实，以史为鉴，才能更好地面向未来，防止悲剧再度发生。而再现历史真相又是问题的逻辑前提。我想，这恐怕正是撰写和出版这套丛书的目的所在吧。

作为抗日战争的亲身经历者，我愿意把这套丛书推荐给需要了解和应当了解这段历史的人们。

1999年4月4日

目　录

奋起挽救危亡的祖国

◎ 血浓于水

中华民族有众多的海外儿女，他们因生活所迫，漂泊海外，但身上流淌着华夏祖先的血液，留存着中华民族的血统。保留着中国国籍的被称为华侨，加入了所在国国籍的被称作华人，在侨居地出生、取得当地国籍的华人被称作华裔。

在旧中国，华侨出国、侨居、创业是一部血泪斑斑的屈辱历史。

中国历史源远流长，中国古代的“四大发明”闻名于世，尤其是航海和造船技术的发达及商品经济、科学文化的发展，使中国和外国的商品贸易、文化交流日益频繁。一些中国人携带商品随船到南洋或徒步到西亚一带贸易，有的在那里定居下来，成为华侨。

中国自古以来是个农业国家，农村的经济结构是以家庭为单位的自给自足的小农经济，耕地有限，工具简陋，刀耕火种，生产力低下。广大农民遭受封建地主、官僚的残酷剥削和压迫，农村租税徭役繁重，高利贷猖獗，加上天灾人祸，农民生活极端贫困，难以维生，被迫背井离乡，出国谋生。

中国封建社会，王朝更替不断，农民起义频繁，致使社会动荡不安，人民不堪战乱的骚扰，流亡迁徙到国外，成为华侨。

以上种种，是中国封建社会华侨形成的主要原因。

但由于中国历代封建王朝认为国民出国定居，是有辱“王化”和背弃祖宗的行为，大多加以限制，加之交通工具的落后，我国古代出国的华侨毕竟是少数。华侨的大量形成是在 1840 年第一次鸦片战争爆发以后，中国逐渐沦为半殖民地半封建社会，“农村破产，大批贫苦农民出国去，成为华侨”。

19 世纪，英国科学家达尔文写了《物种起源》等有名的著作，提出了生物进化论的理论，大意是：在自然界，生物进化的规律为自然选择，优胜劣汰，适者生存。如凶猛的虎、豹，为了生存而吃掉弱小的动物，是正常合理的。然而，以英国为首的西方资本主义国家亵渎了达尔文进化论的理论，把这一理论野蛮地运用到人类社会上来，如虎狼一样弱肉强食落后和弱小的国家。地大物博、人口众多、贫穷落后的中国便成为它们任意吞噬的猎物。

1840 年，英国侵略者用大炮强行轰开中国闭关锁国的大门后，其他西方资本主义国家狼来虎去，不但疯狂地掠夺中国的大量财物，还肆无忌惮地掳掠中国的廉价劳动力——大肆招募贩卖华工，将其贩运到世界各地，当牛做马。当时被贩运出国的华工被大批成群地赶到船上，住睡吃拉在一个地方，像运载牲畜一样，因此贩运出国的华工又被诬称为“猪仔”；贩运“猪仔”的船只，被称为“浮动地狱”。“浮动地狱”中一幕幕惨不忍睹的恐怖情景，夺去了成千上万华工的生命。仅以运往古巴的华工为例，从 1847 年 6 月到 1858 年运抵古巴的华工共有 50123 人，其中在途中死亡者达 7622 人。据统计，从1801年至1925年，被贩运到美洲、澳洲和南非等地的华工多达300万人。第一次世界大战期间，被招募到英法俄等国前后方充当炮灰的华工有20多万人，有少部分留居在当地变成华侨。

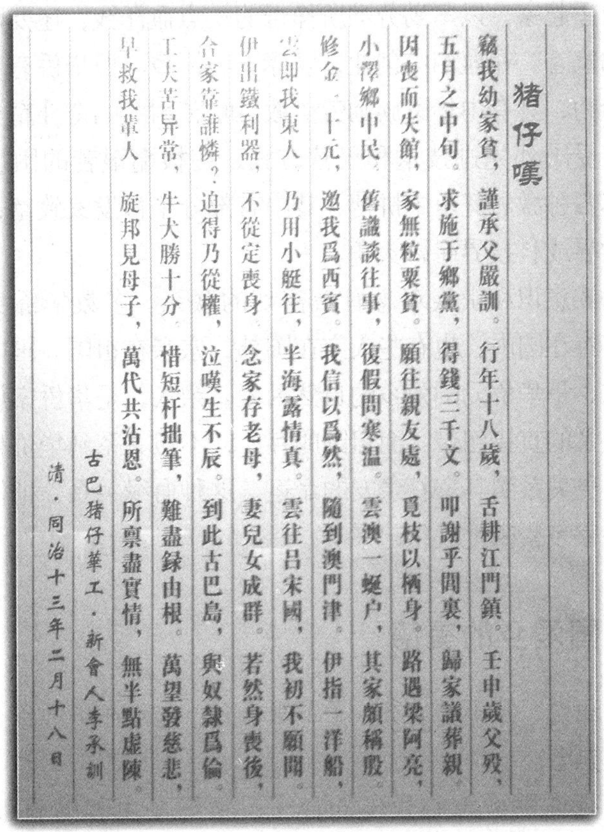

猪仔嘆

竊我幼家貧，謹承父嚴訓。行年十八歲，舌耕江門鎮。壬申歲父歿，
五月之中旬。求施于鄉黨，得錢三千文。叩謝乎閭裏，歸家議葬親。
因喪而失館，家無粒粟貧。願往親友處，覓枝以栖身。路遇梁阿亮，
小澤鄉中民。舊識談往事，復假問寒温。雲澳一蜒户，其家頗稱殷。
修金一十元，邀我爲西賓。我信以爲然，隨到澳門津。伊指一洋船，
雲即我東人。乃用小艇往，半海露情真。雲往吕宋國，我初不願聞。
伊出鐵利器，不從定喪身。念家存老母，妻兒女成群。若然身喪後，
合家靠誰憐？追得乃從權，泣嘆生不辰。到此古巴島，與奴隸爲倫。
工夫苦异常，牛犬勝十分。惜短杆拙筆，難盡録由根。萬望發慈悲，
早救我輩人。旋邦見母子，萬代共沾恩。所稟盡實情，無半點虚陳。

古巴猪仔華工·新會人李承訓

清·同治十三年二月十八日

▲清朝同治年间流传的反映华工惨状的《猪仔叹》

华侨大多出身下层劳动人民。他们初到国外，语言不通，常常遭到外国人欺负；外国政府也对他们加以种族歧视。如有一位名叫司徒美堂的华侨十二三岁到美国时，在旧金山刚一上岸，即被美国流氓抛来一身马粪，这是美国人给他的“见面

礼”。再如有一些华人妇女登岸时，外国海关人员都让她们脱光衣服接受检查，借机故意加以羞辱。

华侨在国外侨居相当艰难，在政治上遭到严重歧视，经济上遭到残酷的剥剥，“贱之如奴隶，役之如马牛”。他们一般都是白手起家，以辛勤劳动所挣得的一点血汗钱，还要赡养在国内的家眷。在血泪中创业，以赤子心怀乡。但华侨有着顽强的生命力，具有中华民族勤劳勇敢、吃苦耐劳的奋斗精神，能很快接受国外先进技术和经营方式，在极端艰苦的困境中挣扎，在各种激烈竞争中拼搏，其中有部分华侨发家致富，也有人在政界或科技界崭露头角。

民族意识和宗族观念有着密切的联系。多数华侨身在异邦，家眷在国内；也有些人家在国外，宗亲在祖国。国内有宗亲故友，是华侨爱国爱乡的自然因素。亲人，是华侨家族乡土感情关系的直接纽带。而祖国的存亡，不但关系到华侨自身的命运，更关系到其家眷亲友的命运。这种血缘关系，把他们同祖国和家乡紧密地联结起来。

◎ 爱国爱乡的美德

俗语说，儿不嫌家贫，子不嫌母丑。这点在华侨身上体现得比较典型。

广大华侨是忠心爱国的赤子，祖国是生养哺育他们的母亲。

长期以来，广大华侨喝着异乡水，却做着故乡梦，顽强地保持着故国的风俗习惯和生活方式——春节时爆竹送旧、桃符换新；清明时烧香点烛，遥祭祖先；中秋赏月，寒食禁火……即使有些人加入了当地国籍，接受了外国的生活方式，但仍念念不忘故土，对故国仍然保留着强烈的眷恋之情。有人即使死在外国，也要将遗骨运回家乡安葬，叶落归根。

华侨都有一颗中国心，他们无论漂泊到何处，在其心灵深处都渴望祖国强大，时刻关心祖国和家乡的一草一木。祖国的兴衰，民族的枯荣，时刻牵动着他们的心。他们不论贫穷富有，不论地位尊卑，爱国爱乡的特点是一致的。如他们支援祖国和家乡的经济建设，致力于振兴祖国的科技事业，兴办各种福利事业，济贫赈灾等。一旦祖国和家乡有灾有难，他们都能伸出援手，绝不允许任何人肆意侵犯自己的家园。支援祖国抗战就是广大华侨爱国爱家非常典型的写照。

考察华侨与祖国关系的历史，可以看到，这是一部可歌可泣的爱国史。华侨是促进祖国政治进步的一股重要力量，在中国革命各个重要历史关头，华侨总是从祖国和民族的利益出发，顺应历史潮流，为祖国独立富强而积极支持和参加民族民主革命斗争。

孙中山发动和领导的辛亥革命，是中国旧民主革命的高潮，这次革命得到了华侨的大力支持，他们是革命的主要动力之一。孙中山发起成立的第一个资产阶级革命团体兴中会，是在檀香山华侨中建立的；他创立的资产阶级革命政党同盟会，组织和成员遍布海外，星罗棋布，华侨会员有数万人。孙中山及其革命党发动的数十次推翻清王朝的武装起义，华侨或参与发动领导，或为起义主力之一，黄花岗 72 烈士中有 31 人是华侨。华侨捐献大笔经费资助革命，奠定了辛亥革命的经济基础。华侨创办报刊，从舆论上支持革命。踊跃支援辛亥革命，是近现代华侨掀起的第一次爱国高潮。

袁世凯篡夺辛亥革命的成果后，华侨紧随孙中山投入捍卫民主共和反对帝制复辟的讨袁斗争。他们主共和反专制，通电讨袁；倾囊袋输钱财，捐献讨袁；整纲纪振斗志，组织讨袁；挥雄师举义旗，武力讨袁。孙中山赞扬华侨在讨袁斗争中的作用时说：“此次推翻帝制，各埠华侨既捐巨款以为军费，而回国效命决死，以为党军模范者。”

▲孙中山评价华侨的题词

1919 年爆发的五四运动，是中国新民主主义革命的开端。海外华侨也以新的姿态登上舞台声援这次运动。旅法华工 3 万人奔走呼吁反对中国代表在巴黎和约上签字。和约签字这天，工商界华侨和留学生团团围住中国驻法专使的寓所，并威胁道，谁敢出去签字，就揍他一顿或杀死他。马来亚槟榔屿著名爱国侨商吴世荣等 47 人，联名致电北京政府，表示声援国内爱国学生。东南亚各侨居地的华侨纷纷以抵制日货的形式声援五四运动。美国一些华侨团体致电美国总统、国会议员及巴黎和会，反对和会决定。

中国共产党是在马列主义与中国工人运动相结合的基础上创立的。侨居在马克思、列宁故乡的欧洲华侨，以不同方式向祖国传播了马列主义。俄国华侨刘泽荣作为中国工人代表参加了共产国际大会，并有幸受到列宁的三次接见，他沟通了共产国际与中国工人阶级的联系。另一位俄国华侨杨明斋，陪同共产国际代表来华帮助建立中国共产党，成为共产国际帮助中共建党的桥梁。留法勤工俭学的周恩来等人，创建的中共旅欧支部得到欧洲华工的参与和帮助。

1924 年，中国国民党一大召开。30 多位海外华侨党部代表和 10 多名归侨参加了大会，其中有 17 个党部代表向大会作了党务报告，他们支持第一次国共合作。国民党左派、归侨廖仲恺是推动国共合作的骨干并为此而献身。在重建和巩固广东革命根据地的斗争中，美国华侨杨仙逸、南洋华侨张民达、梁国一壮烈牺牲。

国共合作建立后掀起了国民革命高潮，爆发了五卅运动和省港大罢工，华侨在海外成立各种爱国团体，团结各阶层侨众，声援五卅运动。华侨为罢工工人捐救济款多达 200 余万元。1926 年北伐战争爆发的几个月后，海外各地成立北伐后援会 524 个，会员达百万人，开展了捐款、宣传等形式的声援活动。有许多华侨参加了北伐军，组织了“华侨炸弹敢死队”“海外北伐工作团”和“华侨特别宣传队”等战斗团体。

……

自辛亥革命以来，华侨同国内人民一道不屈不挠地参加祖国历次反帝反封建的革命斗争。华侨大规模地支援和参加祖国抗战，是这种爱国爱乡传统的继续和发扬，是继支援辛亥革命之后，华侨掀起的第二次爱国高潮。

华侨不但有着光荣的爱国爱乡传统，而且具备了充分的救国条件——人数众多，分布广泛，经济力量雄厚。据统计，抗日战争期间侨居世界各地的华侨共有七八百万人，拥有国币 500 亿~800 亿元之多。如此数量众多的华侨，具有雄厚的经济基础，加之有深厚的爱国思想基础、阶级基础和光荣的爱国传统，在日本帝国主义疯狂侵华、欲灭亡中国的强烈刺激下，诸多因素的合力，使广大华侨犹如原子弹爆炸一样，释放出巨大的爱国能量。

◎ 抗日救亡运动的兴起

打开地图，可以兴奋地看到，中国就像一只美丽的“雄鸡”，挺立亚洲的东方。

翻阅历史，令人伤心地看到，自鸦片战争以来，各帝国主义像一群贪婪残忍的野兽，都在争夺中国这块肥美的鸡肉；它们又像一群觅食的害虫，争相“蚕食”中国这片桑叶。其中，日本帝国主义是一头最凶猛、最狡猾、抢食最多的野兽、害虫！

1894～1895年，日本发动甲午战争，从中国掠去2亿两白银，侵占台湾群岛及辽东半岛；1904年与沙俄帝国主义在中国东北厮杀，将旅顺港口的中国无辜居民屠杀得只剩下36个人；1915年与袁世凯签订灭亡中国的“二十一条”；1925年制造五卅惨案，1928年制造济南惨案。到20世纪30年代，日本又相继制造了九一八事变、“一·二八”事变、华北事变、卢沟桥事变……日本侵华得寸进尺，贪得无厌，欲把中国变成它的殖民地，中华民族已经到了最危急的关头。这对于亿万中国人民和海外华侨意味着什么呢？意味着亡国、亡族、亡家、亡人和亡根的威胁。这种威胁是每个中国人在思想上和心理上都是难以承受的——对于广大华侨来说，一旦祖国灭亡他们必然沦为亡国奴，民族不在必失其“根”。正如有的侨胞所说：“倘若是国破家亡了，我们海外的侨胞能不当亡国奴吗？”

面对亡国灭种的威胁，中华民族怒吼了！中国人民及其海外儿女愤怒了！从九一八事变时起，他们呐喊着，拿起武器奋起迎击闯进家园的豺狼。

1931年9月18日黑夜，一群日军士兵鬼鬼祟祟，将南满铁路奉天（沈阳）以北的柳条湖段炸毁。接着，日本驻东北的关东军以中国军队破坏南满铁路为借口，大举进攻沈阳，九一八事变爆发。

九一八事变发生后，守土有责的东北军奉中国政府最高统帅蒋介石不予抵抗的命令大部退往关内，只有马占山等小部分官兵自发地组织东北义勇军奋起抵抗并很快失败。这样，不到三个月，东三省就沦于日军的铁蹄之下。

日军进攻奉天了！马占山起来抗日了！日本占领东北了……

一道道电波，一条条消息传到海外，各地华侨反响强烈。他们对东北义勇军抗战表示欣慰、支持，对中国政府不抵抗举措深感不理解、失望、愤慨。

九一八事变的第二天，日本华侨非常愤怒。他们不愿在敌国居住下去了，更不想为屠杀自己同胞的仇人服务。他们纷纷返回祖国，仅在事变发生的两个月里就有 7000 多人回国，以示对日本侵华暴行的抗议。

9 月20 日，缅甸仰光的商界华侨们，再也安不下心来做生意了。他们聚集到一起开会，与会者一致议决电请国民党政府切实筹备抵抗，发表宣言唤起侨胞关注国内局势。继之，缅甸各地华侨纷纷捐款援助东北义勇军。

新加坡华侨为九一八事变召开大会，致电国民党政府吁请抗日；致电日内瓦国际组织及美国总统，呼吁履行国际条约，维持世界和平；唤醒侨民爱国志气，抵制日货。正在开会时，大街上发生了惊人的一幕。

一个华侨从一家日本人商店里冲出来，一手提刀，一手提着一颗血淋淋的人头。这位华侨身上也溅满了血渍。他一边跑一边呼喊着“中华民国万岁！万万岁！”等口号。街上的人们见了都惊得目瞪口呆，四处逃散。原来，这位华侨叫刘石满，是一位厨师，得知日本侵略者悍然发动侵华战争，残杀蹂躏东北同胞的消息，早已积压胸中的怒火喷发出来，当即持刀闯入一家日本侨商的商店，杀死一个日本商人。刘石满后被当地政府判处死刑。但他的举动反映了华侨痛恨日本侵华，深切同情祖国同胞的心理状态。

九一八事变后，越南、菲律宾、印度尼西亚等地华侨都有强烈反应，或成立反日团体，或通电谴责日本侵略者，或请求政府立即派兵抗日，或为东北义勇军捐款……

美国华盛顿华侨反帝大同盟、致公党、安良公商会、协胜公会四大华侨团体联名通电，谴责日本侵华，指责国民政府不抵抗政策，提议召开全美华侨代表大会要求抗日。9 月 21 日，旧金山中华会馆召开主席团紧急会议，分别致电国际联盟请主持公道，制止侵略；要求国民政府停止内战、一致抗日。24 日，中华会馆召开全体会员大会，发起成立旧金山华侨拒日救国后援总会，再次通电国内，请朝野上下一致对日抗战，共赴国难。纽约华侨商会、华侨爱国会及华侨妇女团体等亦发布反日宣言，开展促进祖国抵抗日本侵华活动。

加拿大华侨闻知日本侵华，不少人摩拳擦掌，准备回国抗日，以尽“救国责任”。侨商则烧毁大批日本茶叶和丝绸，以示抵制日货。古巴等地华侨也电慰马占山抗日，表示愿汇款接济。

欧洲华侨惊悉日本侵略东北，非常愤慨。比利时华侨闻讯后立即召开代表大会，成立反日救国会，电请中国政府对日宣战，并表示了他们抗日救国的坚定决心。英国伦敦华侨团体发表宣言书，吁请世界各国促使日本政府立即撤兵。1931 年底，法国巴黎华侨和留学生集会，议决强烈要求日本从中国撤兵、中日两国进行和平谈判等五条议案。

▲加拿大华侨议决为东北义勇军捐款

亚、美、欧各大洲华侨的抗日救亡活动此起彼伏，抗日救国的帷幕从此拉开了。

1932 年 1 月 28 日，九一八东北的硝烟未散，日本又在上海燃起侵华战火。驻守在上海的国民党十九路军在蔡廷锴、蒋光鼐的领导下奋起抵抗——“一·二八”淞沪抗战爆发。

十九路军淞沪抗战的事迹传到海外，各地侨胞欢欣鼓舞，奔走相告，随即掀起了各种形式的声援活动。

越南堤岸华侨办的《群报》用“蔡廷锴大胜日军”的特大号标题，报道淞沪抗战消息，并不惜违反当地警律、甘愿罚款，在报社门前“乒乒乓乓”地鸣放鞭炮以示庆祝。其他侨胞闻讯，纷纷购买鞭炮燃放，一时鞭炮声响遍整个堤岸市，像中国传统的过年一样热闹。

美国旧金山、芝加哥等大城市唐人街龙灯飞舞，锣鼓喧天，热烈庆祝十九路军上海抗战。美洲华侨特赠送镌刻着“精神救国”四个闪光大字的金匾给蔡廷锴。有位华侨将一枚镶有椭圆形宝石的戒指托人赠送给蒋光鼐，以示对十九路军官兵英勇抗日的敬佩。蒋光鼐、蔡廷锴成为美洲侨胞爱戴的抗日英雄。

各地华侨函电交驰，纷纷致电慰问十九路军，一封封函电带着海外亲人的深情厚谊从欧、美、亚各大洲飞向国内，飞向十九路军总指挥部，赞扬其“淞沪抗战，震动全球，开民国以来未有之光荣……”

华侨不但从精神上声援十九路军抗日，而且继捐助东北义勇军之后再次捐款献物。菲律宾各界华侨踊跃捐款，捐款总数达 250 万元，另捐赠 15 架飞机和两辆载重汽车给十九路军。印尼、越南华侨也捐款数万元给十九路军。

淞沪抗战打响时，正在上海养病的辛亥革命老人、新加坡侨商林义顺，带病连发 10 多封电报到新加坡，介绍淞沪抗战情况，号召华侨奋起救国。新加坡、马来亚华侨组织了“救济上海伤兵难民筹赈委员会”，以救济难民为名，实则支持十九路军抗战。该会发动侨胞散发传单、沿门劝捐、举行义卖，不到两个月募捐达 100 万银圆。

美国旧金山、纽约、芝加哥等大城市的华侨争先恐后为十九路军捐款，其中仅旧金山即捐 100 万美元。加拿大、墨西哥、古巴、秘鲁，美国檀香山等地华侨也都捐献大批款项给十九路军。为答谢美洲华侨的捐献，十九路军撤离上海时，军指挥部托人向美洲华侨团体赠送纪念章 2000 枚。

据当时十九路军司令部统计，在他们收到的 1068 万元捐款中，其中华侨捐款为 801 万元，占总数的四分之三。华侨的踊跃捐款，极大地鼓舞了十九路军官兵抗日的士气。

当淞沪抗战激烈进行时，不少华侨万里迢迢回国直接参加十九路军的队伍，甚至血洒淞沪。淞沪抗战打响后，一支由

250 多人组成的华侨抗日救国义勇军，在周晖甫的率领下前来参战，并向全国人民发出通电，表示“痛祖国之沦亡”，“挽狂澜于既倒”，誓同全国人民“共赴国难”。字里行间，闪耀着爱国主义的光辉！

参加淞沪抗战的华侨英勇顽强，有的血洒淞沪战场。旅日华侨徐香进，同华侨刘兆祥等人回国参加淞沪战斗，在为前线运送作战物资时，中途遇到敌机轰炸，同行者早已躲避开，而他始终不离职守，被炸得粉身碎骨。美国归侨黄毓荃，驾机凌空迎击来犯淞沪的日机时，不幸坠机身亡。他牺牲后，其家乡广东省台山县的乡亲们在城边为其树碑纪念。徐香进、黄毓荃等是为祖国抗日而壮烈献身的第一批华侨烈士。他们为海外华侨支援祖国抗日事业立下了第一功。

缅甸华侨救国会曾三次派出自己的亲人回国抗日，先后共 138 人。其中后一批回国人员抵达南京时，因战事缓和，被国民党政府当局遣送回缅。

马占山原是东北军一名不为人知的中级军官；蔡廷锴、蒋光鼐也不过是国民党军队众多将领中不出名的两位将领。但在外敌入侵的危亡关头，他们挺身而出、奋起抗敌，成为当时国内外闻名的人物，也成为华侨心目中的民族英雄。相反，时任东北边防军司令、国民党政府陆海空军副总司令的张学良，比之前几位大名鼎鼎，却因执行不抵抗命令退到关内，致使东北很快沦亡，成为国内外舆论的众矢之的。张学良下野拟赴英国，英国华侨得知张学良要来的消息，立即致电上海《申报》馆转告张学良：

报载先生来英，不胜骇异，先生负东北边防重任，拱手让人，早已腾笑万邦，本应自杀，以谢国人，如靦然来英，辱国更甚，请打消此议，以维祖国颜面。

这个电报表明华侨对不抵抗将领的厌恶、愤恨。数年后，真相大白，张学良只不过是蒋介石的替罪羊，是当时华侨不了解真相对他产生了历史的误会，但华侨在事关民族存亡的大是大非面前的鲜明态度是完全值得肯定的。

在此严重关头，中国共产党捐弃前嫌，呼吁国民党停止"剿共"内战，一致团结抗日。1935 年 10 月，《中国苏维埃政府、中国共产党中央为抗日救国告全体同胞书》（即《八一宣言》）正式发表，号召全国人民、各阶层、各党派及"一切关心祖国的侨胞们"团结起来，积极支援祖国的抗日事业。12 月，中共中央召开瓦窑堡会议，向全国人民发出了建立抗日民族统一战线的伟大号召。

《八一宣言》发表后，法国华侨认为它非常诚恳而切合实际。一名英国华侨见到《八一宣言》后反复阅读，感慨万千，激动地写下自己的感想，寄给中国共产党在法国巴黎的《救国时报》。他诚恳地说，这篇宣言"不独是中国共产党的一篇空前的伟大的文献，就是在全世界、全中国的文书中，也是最庄严伟大、最沉痛悲愤的一篇……因为这不是一党一派的宣言和主张，而是全中国四万万同胞的心声"。这种发自内心的肺腑之言，是对《八一宣言》的高度评价和诚心拥护。《八一宣言》传到菲律宾首都马尼拉，"大得侨众拥护"，当地许多华侨商会纷纷表示响应。1936 年 2 月，全菲华侨工人召开代表大会，一致认为，要挽救中国危机，必须建立民族革命战争的联合战线。

华侨对《八一宣言》的响应，对中国共产党是很大的鼓舞，推动了第二次国共合作的形成。如中共领导人吴玉章曾指出："海外华侨在统一战线上，起着许多推动作用。"

继占领东北后，日本侵略者的兽蹄又踏进了华北，于1935年制造华北事变。中华民族岌岌可危，全国人民的抗日民主救亡运动再掀高潮。但国民党政府对日本的侵略，犹如羔羊遇到了虎狼，软弱退让；而对国内掀起的抗日救亡运动又像虎狼对待羔羊一样穷凶极恶地加以镇压，相继镇压了一二九学生救亡运动并制造了震惊中外的七君子事件。

海外华侨对于政府当局“摧残青年的爱国热忱”，“陷害爱国领袖”的行径，“痛心发指”，纷纷谴责国民党当局镇压抗日民主救亡运动的暴行，对于全国学生和民主人士的爱国义举表示同情和支持。这表明海外华侨的抗日爱国救亡运动与国内民主救亡运动两股潮流汇合到一起。

▲美国华侨集会要求国民党取消一党专政

一个国家和一个民族的最大耻辱莫过于领土被外敌侵占，国民遭受侵略者奴役蹂躏；而一个国家政府及其最高统治者，不管什么原因不能守土抗敌，都是最严重的失职渎职。面对日本帝国主义的疯狂侵略，蒋介石政府却实行不抵抗政策，致使国土大片沦丧，人民惨遭蹂躏，海外华侨深感失望、痛心和愤慨。九一八事变后，华侨纷纷发表言论呼吁政府当局抵抗日本侵略，并奋起支持部分自发抗日的国民党官兵，声援学生和民主人士的爱国民主救亡运动，就是这种心态的反映。

◎ 挽救祖国的凝聚力

“兄弟阋于墙，外御其侮”，意思是说兄弟在家里闹纠纷，受到外人欺侮时，仍能共同抵御。后来比喻尽管内部不和，但大敌当前，仍能一致对外。

抗日战争爆发前，侨居世界各地的华侨犹如一盘散沙，很不团结。这主要是由于他们居住分散，侨居国实行分化瓦解或分而治之的种族歧视政策，加之华侨内部存在宗派思想等原因造成的。如早期美洲华侨中堂（致公堂——国内反清复明的帮会组织的美国分支机构）堂号林立，姓氏组织众多，封建思想浓厚，堂战不止，械斗不休；南洋华侨社会帮派林立，地域组织甚多，宗法思想浓厚，矛盾重重；欧洲华侨内部复杂，常闹隔阂。华侨社会这种不团结的现象持续了相当长的时间，犹如一种广泛蔓延的疾病，严重地滞碍了华侨社会的发展和进步。

但抗日战争爆发后，广大华侨社会发生了翻天覆地的变化——在民族利益一致的基础上，他们化干戈为玉帛，日益趋向团结统一。美洲华侨持续百余年的堂争械斗得到平息，南洋华侨根深蒂固的封建宗法帮派观念基本消除，欧洲华侨中的不同党派及工商学界由重重隔阂转向紧密团结。抗日救国、挽救民族危亡是力量巨大的磁场，把全世界华侨吸引凝聚在一起。

抗战时期欧洲有华侨 62738 人，占世界华侨总数的 0.72% 。欧洲华侨虽然人数较少，但其成分以工人、学生居多。他们思想敏感，觉悟程度高，在全国抗战爆发前夕，率先走向了团结统一。

九一八事变后，法国巴黎、里昂等大城市的华侨先后建立了巴黎中华民众抗日救国会、旅法中国救亡会、旅法华工联合总会等抗日团体。1936 年淞沪抗战四周年，旅法各华侨救亡团体联合成立了旅法华侨抗日救国联合会，以宣传抗日救国、为祖国捐款献物为主要任务。

英国华侨在支援祖国抗日救亡活动中，相继成立了抗日救国会、中华民族武装自卫会伦敦分会、反日同盟会、反帝大同盟、爱国工商会等许多抗日救国团体。

德国华侨抗日救亡运动经过曲折发展，最终在 1936 年 3 月 2 日成立了旅德华侨抗日联合会的统一组织。

瑞士、比利时、荷兰、意大利、苏联等国的华侨也都成立了抗日救国组织。

欧洲华侨纷纷成立抗日救国组织，尽管其历史各异，成分不同，但有着共同的思想基础，均以抗日救国为宗旨，为欧洲华侨的进一步团结统一打下了基础。

1935 年 12 月，中国共产党派吴玉章等人到法国巴黎创办专门从事抗日救国宣传的机关报——《救国时报》。该报作为中共在海外的喉舌，无情地揭露了日本侵华暴行和国民党的不抵抗政策，大张旗鼓地宣传抗日民族统一战线主张，广泛联络欧洲各地的华侨，报道他们爱国抗日活动的消息。《救国时报》是使欧洲华侨凝聚在一起的催化剂。

1936 年 8—9 月，全国各界救国联合会代表陶行知、《永生周刊》主编钱俊瑞、全国学联代表陆璀等，到比利时和瑞士参加国际会议。会后他们一行来到巴黎，与先前来法的陈铭枢、黄琪翔、胡秋原等知名人士联络，深入到华侨之中开展宣传和组织工作，倡议召开旅欧各国侨胞抗日救国大会，得到欧洲各国华侨热烈响应。他们是欧洲各国华侨走向团结统一的推动者和组织者。

随着欧洲各国华侨抗日救国思想的发展和成熟，在《救国时报》的宣传鼓动及爱国民主人士的发动等合力作用下，欧洲华侨大团结的时机成熟了。

1936 年 9 月 20 日，法国巴黎圣日耳曼 184 号大礼堂人头攒动。英、法、德、荷、瑞士等国家的华侨代表及来宾共 450 多人济济一堂，召开全欧华侨抗日救国联合会成立大会。大会主席、法国华侨王海镜作《国难严重与全欧华侨成立抗日救国会意义》的开幕词，陈铭枢、陶行知、胡秋原、钱俊瑞等人分别作了演说、报告，法国华工代表王修德、英国华侨侯雨民、德国华侨代表秦丰川等分别作了发言。大会确立的最高原则是：“精诚团结，一致抗日。”大会决定成立全欧华侨抗日救国联合会（简称“全欧华侨抗联会”或“全欧抗联”），团结旅欧侨胞，“努力抗日救国运动，尤其促进全国上下的大团结，一致为祖国生存而战，为恢复失地而战”。大会发表了宣言和会章。宣言全面地阐述了欧洲华侨对抗日救国的各项主张。会章对全欧华侨抗联会的会员、名称、宗旨、组织等作了具体规定。

这次大会及其成立的全欧华侨抗联会，使全欧洲华侨实现了前所未有的抗日救国大团结。这势必对正在酝酿中的第二次国共合作的形成起到推动作用，也为海外华侨的团结救亡运动做出了表率。

随着国内抗日救亡运动的不断高涨及华侨爱国觉悟的提

▲全欧华侨抗日救国联合会研究抗日救国工作

高，继全欧华侨抗联会成立后，南洋各地华侨救国团体也如雨后春笋般地不断涌现。

——1936 年初，新加坡华侨成立各界抗日救国会。陈嘉庚发起成立新加坡华侨筹赈会，建立分会 30 多处。马来亚各地华侨救国会、筹赈会等团体纷纷成立，多达 207 个。新马华侨社会出现了前所未有的团结救国热潮。

——全国抗战爆发前夕，菲律宾各界华侨成立中华民族武装自卫会菲律宾分会，马尼拉市 13 个工会团体组织“劳联会”等组织。七七事变后半个月内，全菲华侨共成立爱国团体多达 367 个。

——缅甸华侨先是成立各界救亡联合会，之后，缅甸华侨救国最高机关——缅甸华侨救灾总会成立。在该会带动和影响下，缅甸华侨公债劝募委员会、华侨抵制日货总会、华侨募捐难民棉衣会等组织纷纷创立。

——在越南，先是成立西堤华侨救国会，后又成立越南南圻华侨救国总会，动员侨胞援助祖国，扩大宣传救国运动等17项任务。该会在越南各地建立35个分会，领导和影响10多万侨胞为抗日救国尽力。

成立华侨抗日团体的还有印度尼西亚、泰国……

1938年10月10日，由南洋著名爱国华侨领袖陈嘉庚、庄西言、李清泉发起，来自新马、菲律宾、印度尼西亚、缅甸、越南、泰国等华侨代表168人，在新加坡南洋华侨中学召开了南洋华侨史上空前的大会。与会者虽然只有160多人，但却代表了全南洋600多万华侨和上千个华侨团体。

陈嘉庚被推选为大会临时主席。与会代表一致同意通过成立“南洋华侨筹赈祖国难民总会”（简称“南侨总会”）。大会公布了《南洋华侨筹赈祖国难民总会组织大纲》，规定南侨总会的宗旨并据此选举了领导机构——陈嘉庚任主席，庄西言、李清泉为副主席。大会发表了《南侨代表大会宣言》，揭露了日本侵华暴行，号召南洋华侨必须“坚抱”抗战最后胜利之信念，各尽所能，各竭所有，“踊跃慷慨，贡献于国家”。

▲（左起）南侨总会主席陈嘉庚，副主席庄西言、李清泉

▲南侨总会办公处新加坡怡和轩

全南洋华侨代表大会的召开和南侨总会的成立，是全南洋华侨冲破帮派地域观念、共同抗日救国大团结的标志，是“南洋华人抗日运动的新纪元”。此后，南洋600多万华侨、1000多个筹赈团体在南侨总会的领导下，开展了轰轰烈烈的抗日救国运动，为祖国抗战事业作出了巨大贡献。

全国抗战爆发后，美洲华侨（以美国为主）也逐步走向大团结。

1937年7—10月，纽约华侨先是成立救济总委员会，后来成立华侨抗日筹饷总局，随即更名为抗日救国筹饷总会。同年8月中旬，芝加哥华侨成立华侨救国后援会，统一领导美国中部地区华侨的抗日救亡运动。

旧金山，是美国华侨人口最多最集中的大城市，当地华侨政治分野较为明显。1937年8月，“美洲华侨拒日救国后援会”和“中华民国国民抗日救国总会”两大政治倾向不同的侨团，在抗日救国目标下联合召开救国会议，议决成立旅美华侨统一义捐救国总会。该会“把一切捐献祖国，拥护抗战到底”，“逃避义捐，非我族类；捐款不力，不算爱国”作为行动口号。在这一口号感召下，抗战的前四年，旧金山25000名华侨为祖国捐款1500万美元。

致公堂组织及其成员遍布全美洲，如美国华侨近8万人，加入致公堂者达6万多人。1939年6月15日，全美洲洪门致公堂所属10余个国家223处机关的代表齐集墨西哥城召开恳亲大会。会议主张联络各救亡侨团，集全美10多万洪门侨胞的力量拥护祖国抗战，把抗战坚持到底。会议议决通过成立“全美洲洪门总干部”，由司徒美堂任监督，吕超然任部长。百余年来，致公堂堂号林立，经常发生堂斗，流血死亡的恐怖事件时有发生，但如今他们团结在抗日救国的旗帜下。抗日救国使华侨社会进步了，广泛地团结起来了，民族意识空前提高了。

美国各大中城市华侨抗日救国组织的建立，广泛发动了全体旅美华侨投入爱国救亡运动中，有力地推动了美国华侨抗日救国运动的持久和纵深发展。1943年9月5日，来自全美国36个大中城市的侨团代表在纽约齐聚一堂，举行全美华侨抗日救国筹赈机关代表大会。大会决定统一采用“旅美华侨救国会”为全美各地华侨救国组织的统一名称，并指定在纽约、芝加哥、波士顿、旧金山、圣安东尼、西雅图六处分别设立执行机构。这次大会统一了全美国华侨的抗日救国组织，是全美华侨抗日大团结的重要标志。

抗战期间，以欧洲、亚洲、美洲三大侨团为核心，全世界各地华侨爱国团体共有3940个。这些团体遍布世界各地，大小不一，类型不同，立场有别，活动各异，但它们的目标是一致的——抗日救国，挽救中华民族危亡。众多的华侨团体，有力地将千百万华侨凝聚在一起，在海外组成了一支浩浩荡荡的抗日救国大军。

宣传歌颂祖国抗战

◎ 宣传抗战的号角

华侨侨居世界各地，分布广泛，他们利用与当地人民长期相处、亲密交往等有利条件，开展各种力所能及的援华活动，使世界各国人民同情或支援中国抗战，谴责、打击和孤立日本侵略者，构成了华侨支援祖国抗战的重要内容。

日本发动侵华战争，中国军民奋起抗战的消息传到海外，各地华侨报刊纷纷报道，在海外吹响了宣传报道祖国抗战的号角。

日本侵略者侵略我国东北，东北义勇军奋起抗战的消息传到美国，华侨办的《中国杂志》详细报道了马占山奋起抗日的事迹，该刊的发行量从平时的 4000 份增加到 6000 份，随后增加到 10000 份，使东北义勇军抗日的事迹在华侨及国际友人中传播开来。1935 年 9 月，留美学生和华侨学生创办了留美中国学生月刊，刊载抗日救亡文章。该刊图文并茂，中英文合版，不但广大华侨踊跃购买，许多美国人士也有订阅。

九一八事变发生后，欧洲华侨竞相创办抗日报刊。如德国华侨先后创办了《反帝斗争》《抗日战线》《中国出路》

《动员》《救亡》《铁血》《呼声》和《抗联会刊》等10余种期刊。其中《抗联会刊》是宣传抗日民族统一战线的一份重要刊物，反映了欧洲华侨要求国内团结抗日的强烈呼声。在法国，除中国共产党主办的《救国时报》外，巴黎还出版了《人民月刊》（法文版）、《中国青年》及全欧华侨抗联会的会刊《联合战线》等。英国华侨办的《抗日旬刊》免费赠送华侨阅读。这些报刊都要求国内各党派团结一致、共同抗日。

东南亚最早宣传抗日的刊物是印度尼西亚华侨创办的《赤潮》。三宝垄的《南星》《垄川之声》，巴达维亚的《侨声》《光华报》等报刊继之而起。《椰风》和《南风》是缅甸华侨创办的宣传祖国抗日救亡的两份重要期刊。越南华侨先后创办了《全民报》《群报》等10余种大小报刊。马来亚各地华侨创办多种报刊，其中槟榔屿华侨创办的《中南晨报》抗日言论激烈，后因经济困难停刊。泰国华侨吴敬业等人编辑出版了《我们的话》《真言》等抗日期刊。

七七事变后，华侨报刊业发展迅猛，是华侨报刊史上的繁荣时期。各种定期或不定期的报刊应有尽有，语种繁多。1935年，世界各地有侨报、侨刊84种，1940年增加到128种，到太平洋战争爆发前夕达135种，增加了四五十种。

犹如一棵树上结着许多果实一样，马来亚槟榔屿一家报社出版了几种报刊。1936年10月，在一些爱国华侨的赞助下，华侨骆世生和林姗姗在槟城创办现代报社。报社先是出版小型报纸《现代日报》，后来出版《现代晚报》。1939年4月又创办了《现代周刊》，《现代周刊》一直出版到日军侵占槟城时。现代报社所办的几份报刊，都主张抗战到底和反对法西斯侵略者，希望国共合作。它们经常报道八路军和新四军英勇抗战的事迹，尽可能地反映中国共产党对时局的主张，这在当时的华侨报刊中是不多见的。

抗战前期，越南创办了10多种侨报，这些报刊时办时停，销行量及影响不大。其中最有影响者为“越南华侨救国总会”创办的《全民日报》。该报创刊于1938年秋，主张国共合作，坚持抗战到底，反对妥协投降。它每天登载电讯消息较多，经常转载国内进步报刊的文章，因此颇受当地华侨的欢迎，日销行量达5000多份。1940年初，由于日本向法国驻越南殖民当局施加压力，阻挠华侨的抗日活动，《全民日报》被查封。之后，该报又以《华商日报》和《中山晚报》名义出版，但仅三个月，又被勒令停刊。

九一八事变后到全面抗战爆发前期，泰国华侨反日言论日趋激烈，创办许多华侨报刊。但泰国政府阻止和压制华侨的抗日爱国活动，经常注销侨报、侨刊执照。许多侨报、侨刊为能在被迫停刊后迅速出版，便以同一办报人及地址注册另一报名，随即出现了许多“姊妹报”。到第二次世界大战爆发时，泰国政府迫害华侨益甚，“姊妹报”消失，又时隐时现地出版了许多地下小报，主要有《中国人报》《重庆报》《唯真话报》等。

抗战期间，美洲华侨创办的期刊共有25种。侨办报纸没有确切数据，美国有《救国时报》《华侨日报》《五洲公报》《先锋报》《大美晚报》《民气日报》《新报》《三民晨报》《世界日报》《美洲日报》等多种。由华侨洗衣馆联合会资助创办的《美洲华侨日报》，是一份左翼进步报纸，除积极宣传抗战外，还发动华侨捐款，购买药品及医疗器材、救护车等赠送八路军。在旧金山报社工作的华侨，每隔一小时把中国抗战的新闻张贴在报馆门前，使广大侨胞和当地友人及时了解到祖国战况。

全面抗战爆发不久，全欧华侨抗日联合会出版了《祖国抗日情报》日刊，号召欧洲华侨开展抗日救国活动。德国华侨先后创办期刊《抗战情报》《救国周报》。德国法西斯占领欧洲大陆后，侨办报刊遭到劫难，所剩无几。此间，英国曾出版过《解放》，1944 年华侨杨宪益等人在伦敦自编自印小型刊物《民主阵线》，荷兰华侨出版油印刊物《抗战要讯》，比利时华侨出版《抗战消息》等。这几份刊物犹如阴霾笼罩欧洲大陆夜空的几颗启明星。

▲《美洲华侨日报》总编冀贡泉在工作中

日军占领东南亚后，公开出版的华文抗日报刊犹如万花纷谢一时稀，但在马来亚、菲律宾等地有许多地下侨报忽现忽隐，犹如一个个地下火力点不断地“袭击”敌人。

马来亚沦陷期间，华侨创办的各种文字的地下报刊达 20 多种，向马来亚各族人民宣传抗日。沦陷后的菲律宾，也出版多种地下华侨报刊，其中最有影响、坚持时间最长的地下侨报是《华侨导报》。《华侨导报》创刊于 1942 年 4 月 19 日，以“彻底消灭法西斯”为目标，基本任务是，打倒日本帝国主义、保护侨胞利益；争取祖国民族解放、援助被压迫民族的解放运动。《华侨导报》最初为油印八开一张，后来发展到铅印四开一张。开始每期发行 350 份，1945 年初平均每日印发 5000 份。该报除报道国际国内重大新闻外，还同日本侵略者直接交锋，被日军追踪，出版机关多次辗转。1943 年 3 月，日军军部发行华文《岷里拉（马尼拉）新闻》，强迫华侨订阅。《华侨导报》立即反击，揭穿敌报造谣，同时号召侨胞以不叫卖敌报、不订阅敌报、不在敌报登广告进行抵制。在阴森恐怖的环境中，《华侨导报》起到了动员和组织华侨参加抗日斗争的作用，被誉为“华侨抗日民主的旗帜”，“指引我们前进的明灯”。抗战胜利后，周恩来、董必武、李维汉、陆定一等人，沈钧儒、黄炎培、梁漱溟及陈嘉庚等知名人士都曾为该报题词。邓发、朱学范等同志出席国际会议途经马尼拉时曾经参观导报社。

在日军占领区，华侨报刊为躲避日军的追踪，报社经常转移排印设备。《华侨导报》的宇澄华为保卫报社设备，被日军捕杀。办报人员冒着生命危险，秘密传播国内抗战和世界反法西斯斗争消息，起到了鼓舞和振奋人心的作用。地下侨报、侨刊被人们誉为“地下子弹”。

◎ 讴歌祖国抗战

“噹！噹！噹！”一阵清脆悦耳的铜锣声在闹市区响起，人们从四面八方涌向闹市区。“大刀向鬼子头上砍去……”雄壮的歌声在市区上空回荡。这是新加坡铜锣合唱团在向侨众和当地居民进行抗日宣传演出。

1937 年底，新马华侨组织了新加坡华侨抗日流动宣传队，进行抗日救国宣传活动。1938 年，国内文艺界组织的武汉合唱团赴新马各地募捐演出，带动了新马华侨的文艺救亡活动。在原流动宣传队的基础上，新加坡铜锣合唱团成立了。该剧团名字的寓意是，合唱团的歌声像铜锣一样有号召力，召唤民众起来抵抗日本的侵略，掀起抗日救亡运动。合唱团的发起人为彭光涵等几十人，团员大多是华侨中学、南洋女中、南洋女校、中华女校、英华女校的男女学生，也有不少是各阶层的爱国华侨青年，合唱团每星期三、星期五进行练唱。

合唱团演唱的抗日歌曲有《义勇军进行曲》《松花江上》《流亡三部曲》《大刀进行曲》《中华民族不会亡》《保家乡》《游击队歌》《牺牲已到最后关头》《打回东北去》《救国军歌》《保卫中华》《延安颂》等几十首。团员们深入学校、工厂，出没椰岛蕉林，使抗日救亡的歌声传遍新马及东南亚各地。由于合唱团是曾向英殖民当局备案注册的合法公开组织，英商百代唱片公司请他们去灌制唱片。因而，他们的救亡歌声广泛流传开来，合唱团的声誉一时震撼了新加坡城。

后来由于英殖民当局颁布禁止学生参加抗日活动的法令，举行罢课抗议的学生被镇压开除，合唱团的宣传活动转入低潮。太平洋战争爆发、日军进攻新马前夕，战局紧张，英殖民政府接受马共合作抗日的建议，合唱团又重新活跃起来，并大张旗鼓地通过新加坡广播电台进行广播演唱，直到新马沦陷。

卢沟桥事变后，新加坡华侨林庆年、林谋盛、庄惠泉等近20人发起组织业余京剧社团，定名为新加坡“平社”，进行宣传义演，曾在新世界、大世界、快乐世界等各游艺场多次演出。1939年9月2日，南侨第三次游艺会星华筹赈会在新加坡隆重举行。是晚，七八个剧院的剧团登台演出，直至深夜。演员们不辞辛劳，爱国热情可嘉。各台演出怡情悦目，救亡歌声激动人心，台下观众座无虚席。1940年1月，新加坡业余、精武、机器行、华联公学四大剧团联合演出名剧《凤凰城》，剧中描述东北义勇军司令苗可秀英勇抗日，最后被俘悲壮献身的动人场面。观众情绪随剧情波动起伏，宣传效果良好。

1938 年上半年，马来亚吉隆坡华侨黄志强、颜金榜等 10 余人，在黄伯才、张郁才、戴子良、官文森等人支持下，发起成立马华蜜蜂歌剧团，深入新马各地巡回义演，演出《到敌人后方去》《放下你的鞭子》《打回老家去》《中华民族不会亡》等一批抗日歌曲。演出形象生动，观众深受感染。

泰国华侨在抗战前期成立秋田剧社。青年演员们将萧军的《八月的乡村》更名为《李七嫂》，改编成五幕大型话剧搬上舞台。演员为演好在冰天雪地中抗击日军的东北抗日联军的英雄人物，先是跑到曼谷书店、图书馆翻阅有关我国东北的各种资料，然后赶排三个星期，先在学校、夜校、社团等单位演出。在泰国著名侨领蚁光炎的支持下，剧社到曼谷总商会大礼堂光华堂公演，影响很大。

越南华侨青年组织了国防话剧流动宣传队，队员们到各地演出抗日节目，为祖国抗战募捐。后因法国驻越南殖民当局的限制破坏，全体队员回到广东东江参加抗日游击队。战时缅甸华侨流行着经过改编的《义勇军进行曲》："起来，远居海外的人们，把我们的金钱筑成祖国新的长城，……缅甸华侨一心冒着敌人的炮火前进！前进！前进！"

东南亚其他国家的华侨演出各种文艺节目宣传抗战，这种戏剧救亡活动，一直持续到太平洋战争爆发南洋沦陷。

欧美等地的华侨也开展了歌颂祖国抗战的文艺救亡活动。1939 年 3 月，瑞士华侨妇女在首都伯尔尼表演各种文艺节目，并到各地举行宣传抗战演讲会。

抗日救亡的歌声回荡在大洋彼岸的美国，响彻在美国各大城市的上空。在芝加哥，1940 年初，华侨救国后援会举行千余名观众参加的戏剧筹款活动。华侨艺术家关文清、曹绮文装扮成难民父女，演出戏剧《放下你的鞭子》。他们演唱的流亡曲，凄凉悲怆，催人泪下，激动的观众纷纷往台上投掷银钱纸币。在积彩，1941 年 4 月 20 日晚，华侨召开游艺会，彩灯五光十色，节目丰富多彩。艺坛名人唱曲演剧两幕，加插李子林唱《满日烽烟悲国难曲》，梅毓松扬琴独奏。入场券收入达国币万余元。在纽约，1943 年由 50 多名华侨组成学建歌咏团到纽约各大广播公司和音乐堂演唱《起来》《救国军歌》《抗战歌》等激昂雄壮的抗日歌曲，起到良好的宣传效果。

人数很少的非洲东南部马达加斯加岛的华侨，也高唱抗日救国的歌曲。塔马塔夫省华侨陈礼德、陈文石组织了华侨剧团，有团员 60 人，设有编剧、导演、配景、道具、化装、音乐、灯光等 11 个小组，编排演出粤剧、京剧、话剧、歌舞等节目。每逢七七抗战纪念日，该剧团都公开演出，歌颂宣传祖国抗战。

地处南半球的澳大利亚悉尼，1939 年 7 月，由华侨黄家权组织成立侨青话剧研究社，在当地公演救亡剧《营沟路上》，推动了当地侨胞的爱国救亡活动。

华侨的戏剧宣传活动，主要是在广大侨众中进行，通过广大侨众直接影响侨居地人民，这是一种间接而又有成效的抗日宣传方式。

回国救伤劳军

◎ 战地服务　救死扶伤

再会吧，南洋，
你海波绿，海云长，
你是我们的第二故乡，
我们民族的血汗洒遍这几百个荒凉的岛上。

再会吧，南洋，
你椰子肥，豆蔻香，
你受着自然的丰富的供养，
但在帝国主义的剥削下，
千百万被压迫者都闹着饥荒。

再会吧，南洋，
你不见尸横着长白山，
血流着黑龙江，
这是中华民族的存亡。

再会吧，南洋，
再会吧，南洋，
我们要去争取一线光明的希望。

当年许多热血华侨，尤其是南洋华侨青年就是高唱着这首《告别南洋》，回到战火纷飞、硝烟弥漫的祖国，投身抗战这场民族解放战争之中的。

日本侵略者丧失人性，烧杀抢掠，正像歌词说的尸横长白山，血流黑龙江，在南京一地就屠杀 30 多万中国同胞……祖国亲人正在遭受侵略者蹂躏，大好河山正在遭到豺狼的肆意践踏，金银宝藏正在遭到强盗的劫掠……

海外同胞眼在流泪，心在滴血。他们不仅仅局限于捐款献物，而是决心回国与侵略者拼个你死我活。

在强烈的爱国心、报国志的驱使下，一批批热血华侨青年离开温馨宁谧的家庭，漂洋过海，冲过一道道艰难险阻，回到硝烟滚滚的祖国，穿上戎装军鞋，加入抗日救国的行列。他们穿梭往来于前线和后方，为战地服务或征战疆场。

华侨归国参战，不局限于个别人，也不是个别地区和个别国家的现象，而是带有普遍性和广泛性。全世界大多数侨居地都有华侨儿女回国抗日。但到底有多少华侨回国参加抗日，没有确切的统计数据。只知道，回国参加抗战的广东籍华侨就达 4 万多人。

泰国华侨回国抗战川流不息。有 2000 多名泰国华侨青年组织各种团体回国抗战，其中有暹罗（即泰国）华侨义勇队 10 批，500 余人；暹罗华侨机工回国服务团 100 余人；暹罗华侨救护队两批，有数十人……

新加坡、马来亚华侨络绎不绝地回国服务。1937 年八一三淞沪抗战爆发，新加坡华侨 13 人组织华侨决死队回国参加会战。同年底，由《星洲日报》《马华日报》等 10 多家华侨报社的 15 名记者联合组织南洋华侨战地记者通讯团，由曾圣提率领回国，到武汉及各战场采写战地新闻。1938 年 10 月，马来亚槟榔屿华侨青年 32 人组成槟华青年回国服务团回国。10 月底，槟城华侨机器工会召开全体会员大会，决定组织回国服务机艺工程队，初选合格者 60 名，最后选定 32 人，其中司机兼修理工 28 人，于 1939 年 2 月初回国服务。

▲《星洲日报》宣传华侨抗日救国电影《白云故乡》海报

曾参加过辛亥革命的缅甸华侨黄富求，发起组织以华侨木工、铁工、汽车司机为基干的缅甸华侨义勇工程队，队员们抱着“抛头颅”“洒热血”的献身决心回国抗战。为掌握作战和救护技术，回国前他们进行了几个月的培训，培训的内容有射击、爆破、埋雷、刺刀、防空、救护等科目。1938 年 8 月 18

日，工程队一行78人回到了祖国，被编入国民党陆军特种兵工团，在桂林等地进行抗日工作。

战时，在福建、广东侨乡的前线和后方活跃着几支归侨团体。广东四会、广宁两县，华侨和港澳同胞组织了会宁华侨回乡服务团。总团部设在新加坡，在香港地区设办事处。全团约50人，分为广宁队和四会队。1939年1月，东江华侨回乡服务团成立了，由叶锋任团长，刘宣任副团长。该团先后建立七个分团五个队和一个剧团，达500多人，分别活动在海陆丰、博罗、惠阳、东莞等13个县的广大地区，进行抗日救国救乡服务。翌年夏，海南岛琼崖抗日根据地林德乡成立了琼崖华侨回乡服务团，由越南华侨符克任团长，陈琴、梁文墀任副团长。该团下设宣传队、歌剧队、医疗队，共240多人，活跃在海南岛各地保家卫国。

福建省有归侨组织南洋闽侨返省学训团。全面抗战爆发不久，福建省向海外招考学兵的文书公布后，新马各地的闽籍华侨应试的不下四五百名，最后招录88名，组成“南洋闽侨返省学训团”，由蒋德明为总领队，叶青为副总领队，内设文书、事务、财政、宣传、交际五个股，总队之下分设六小队。1939年6月18日，全队由新加坡启程，26日抵达香港，接着向泉州进发。在突破敌人的封锁线时，曾农村和张金富两名队员遭敌人机枪扫射牺牲，其余队员冒着敌人的炮火到达目的地。

除东南亚一带有大批华侨青年回国抗战外，远隔万水千山的欧美和非洲也有华侨团体回国抗战。1937年9月，全欧华侨抗联会召开第二次代表大会，决定组织华侨服务团回国抗战。1937年夏秋，爱国将领杨虎城游访欧洲。10月28日，杨虎城由法国巴黎取道马赛乘轮船回国，全欧华侨抗联会派代表团随同一道回国。其成员有秦丰川、陈柱天等10多人。1938年初，英国华侨40人组成汽车工友回国服务团回国。1939年4月中旬，“非洲罅沙汽车工友回国服务团”54人回国抗日。美国华侨也有不少人回国参战，其中多数参加了我国空军。

参加各服务团回国服务的华侨，多是掌握一定技术的专业人才。在祖国需要时，他们把自己的一技之长无私地奉献给祖国，虽然不是轰轰烈烈，但在平凡的事迹中也显出了伟大。

日本侵略者比蛇蝎还狠毒，在侵华战争中，采用各种残忍毒辣的手段屠杀我国军民。残酷激烈的战争使国内前方将士伤亡惨重，后方难民遍地。因缺医少药，大批伤病员和难民“呻吟待绝，厥状至惨”，对战事“影响至大”。海外华侨闻讯后，既心疼又着急，组织医疗救护队，救死扶伤。

卢沟桥事变后，越南华侨对祖国前方将士以“血肉筑长城”，“沙场曝白骨”的抗战壮举深为感动，随即成立华侨归国服务动员会，组织了由林鹭英率领的安南华侨救护队，队员分3批共170多人，携带大批药品回到广东，巡回医疗。

1937年10月，由印度尼西亚华侨领袖庄西言发起，名医柯全寿负责筹划安排，侨商许启兴负责筹集经费，组建巴达维亚华侨救护队。启事登出后，报名者达400多人，最后挑选19人编队回国。其中有华侨西医4人，护理员15人。他们购置救护车9辆，医疗器械、药品一批，运回国内。12月中旬，救护队回到国内，奔赴广州、长沙、徐州、许昌、信阳等地进行战地救护工作。1938年初，印度尼西亚棉兰华侨医学博士郭景烈和吴万创两人，“因愤敌人之惨炸吾国同胞”，组织一批医务人员回国，做救护工作。4月9日，由黄锡歆率领的棉兰“英岛华侨机师回国救护团”20人，带四辆汽车，药品4000基罗，回国服务。

▲印度尼西亚华侨救护队

泰国华侨医师黄有鸾，因积极资助泰国华侨组织回国服务团，被泰国政府驱逐出境。他便借机发动医务界侨胞组织救护队回国服务，并亲自出任总队长。他带领队员购置大批医药用品，并将自己经营的药店所存的价值数百万元药品运回国内，无偿地献给祖国的抗战事业。黄有鸾率领救护队回国后，先在第九、第四战区前线救护伤员。常德会战开始后，战事激烈，他随即率队深入前线，冒着枪林弹雨救护伤兵。因他工作出色，国民政府曾颁发给他四枚奖章，予以褒扬。

新马华侨组织了几支救护队回国服务。槟榔屿华侨组织的救护队，有40多人，于1937年11月8日回到广州，受训半个月即上前线服务。新加坡华侨救护队回国后，到山西前线服务。新马华侨还组织了圣约翰救伤队和雪兰莪救伤训练会。后者制定10多条服务项目，报名者有108人，其中有不少人回国报效。苏门答腊有华侨汽车同业机师回国救护团等。

林可胜，早年留学英国，获得医学内科学士和外科学士学位，后来又获得哲学博士与科学博士学位，曾到美国芝加哥大学从事研究工作，是蜚声国际的生理学家。后应聘回到北平任协和医院教授。抗战爆发后，他把孩子们送回新加坡安顿好，又回国投身抗战事业中，先是在武汉组织中国红十字总会救护队，继在贵阳图云关创设救护总站，除办医校及训练示范病房外，还开设药品及医疗器材制造厂。救护总站先后派遣百余个救护队分赴各战区，并在五个战区设立分站，为抗战解决缺医少药的问题做出了很大努力。

抗日战争的隆隆炮声，吓得国内的某些有造诣的“专家”“学者”纷纷出国寻找安全庇护所，而像黄有鸾、林可胜、陈雅云等一批有造诣的医疗专家，却放弃国外舒适生活和优越的工作条件，回到战乱的祖国，贡献自己的才智，这种高尚无私的爱国精神，令人敬佩。

七七事变后，菲律宾成立华侨青年战时服务团，专门负责训练回国为抗战服务的华侨青年。到 1938 年 10 月广州沦陷前，菲律宾华侨青年组成四批服务团体回国：第一批汽车司机和修理工 15 人，第二批侨生童子军 22 人，第三批华侨救护队 27 人，第四批华侨飞行员 16 人。

抗战爆发不久，缅甸华侨成立了抗日救国筹赈委员会。在该组织的倡议和领导下，缅甸华侨救护队于 1938 年 1 月在仰光成立，发布《缅甸华侨救护队简章》，对队员的年龄，救护队的纪律、经费等都作了具体的规定。由医学博士、开业医生陈雅云担任队长。救护队组成后，聘请许多在医学上有造诣者对队员进行 100 天的专业训练。1938 年 8 月，救护队启程回国，9 月中旬抵达广州。当时正值日军大举进攻广州，城内民心惶惶，动荡不安。救护队不分昼夜地急行军到粤东之惠阳、博罗、宝安一带，参加救护工作。仅八个月时间，他们治疗受伤将士与受难同胞达 15194 人，劳绩卓著。后来救护队一部分离队去香港，有的转到当地国民党军队中服务，有的辗转到贵阳图云关中国红十字会救护总站，还有的千里跋涉到山西中条山八路军总部。

救死扶伤是医生的职责；报效祖国是华侨的美德。回国服务的一批批华侨救护队，不辞劳苦，奔波于祖国抗战的前线和后方，冒着枪林弹雨，不顾生命危险，拯救了无数的伤兵和难民。

◎ 风尘仆仆　慰劳考察

南洋华侨邓宏顺老人，早年曾参加孙中山领导的辛亥革命，是一位华侨革命元老。抗战爆发后，广大华侨尤其是华侨青年开展各种形式的救国活动。这位老人再也待不住了，他采取了一种特殊的救国方式。

1940 年 12 月，邓宏顺发起组织一慰劳团，全团共有 10 人。人数不多，但都是饱经风霜的老人，年龄均在 50 岁以上，有的达 70 多岁，满头白发。他们从南洋跋涉回国到各地宣慰。令人感动的是，这些老人进入国门后，为表示慰劳的诚意，竟然凭着一双脚板徒步慰劳，真可谓人老心红，救国热情不亚于华侨青年。他们徒步走过了广东、江西、湖南、广西等省，最后到达重庆。老人们所经之处，均受到热烈欢迎，抗战军民备受鼓舞。

山城重庆，是我国西南的大城市。抗战爆发后，国民党政府的首都南京被日军占领，国民党政府便迁到了重庆。因此，重庆又称作“陪都”。这里长年多雾，是有名的雾都。

1940 年 3 月 26 日，重庆是个少有的晴朗天气。随着一阵“嗡嗡”的马达声，一架飞机由远而近。战火中的城市，是敌机轰炸的重要目标。往日，只要听到警报声一响，不等敌机出现，人们一片慌乱，四处躲避敌机的轰炸。今天却不同，地面上聚集许多人，人们手中拿着小旗，打着横幅，几名姑娘手拿鲜花。大家情不自禁地仰头观望等待着飞机的着陆。

飞机徐徐降落停稳后，欢迎的人群纷纷向飞机涌来，人群中举有一条横幅，上面写道："欢迎策动输财出力的侨胞领袖。"机门打开后，著名华侨领袖陈嘉庚——这位饱经风霜已经 67 岁的老华侨，第一个缓缓走下舷梯，他脸上露出少有的一丝微笑，挥动着右手向欢迎的人群致意。走在陈嘉庚身后的有庄西言（印度尼西亚侨领——南侨总会副主席）、李铁民（南侨总会秘书兼陈嘉庚秘书翻译）、王振相（马来亚霹雳代表）和陈虎（槟榔屿代表）。陈嘉庚一行走下飞机后，中国妇女慰劳总会的两名妇女代表上前献花，人们互相握手、问候。这是重庆党政各界及群众欢迎以陈嘉庚为首的南侨总会组织的南洋华侨回国慰劳团的场面。

▲陈嘉庚率南侨慰劳团抵达重庆受到热烈欢迎

在战时回国的救护队、服务团及慰劳团中，陈嘉庚率领的南洋华侨回国慰劳团规模最大。单从人数看，该团只有 45 人并不算多，但他们都是南洋各侨居地有名的侨领富商或有影响的人物，代表着全南洋六七百万华侨，尤其是由著名侨领陈嘉庚亲自率领，更为举国上下所瞩目。

南侨慰劳团抵达重庆后，首先将 320 万元慰劳金献给政府部门作为抗战之用。为避免浪费和减轻国家负担，团员从南洋自带帆布床、蚊帐、手电筒等生活用品及费用。到重庆后，陈嘉庚等闻讯政府拟拨招待费 8 万元，由组织部、政治部、海外部等组织接待，雇佣许多陈嘉庚的同乡福建人做招待服务人员，深感不安，担心到各地慰劳时效仿，特在报上连续几日刊登启事，感谢政府的款待，说明慰劳团一切费用均已带来，“不欲消耗政府或民众招待之费”，应“极力节省无应酬”。这说明慰劳团并不是摆花架子，一切均为抗战着想。

5 月 1 日，南侨慰劳团一行 45 人编成华中团、东南团、西北团三个分团分三路到各战区劳军。他们历时几个月走遍祖国 17 个省 10 大战区的几百个城镇和乡村，其中华中团经历了川、陕、豫、鄂四省，东南团经过川、湘、赣、浙、闽、粤、桂七个省，西北团经过川、甘、宁、绥、青、晋、豫、陕八省。各慰劳团出没于炮火硝烟的前线，走进伤员密布的战地医院，参观繁忙的厂矿、农村、机关。他们慰劳了在各战区前线冲锋陷阵的官兵们，向他们献旗、慰问，同他们战地联欢；他们慰劳了活跃在敌后的游击队，了解游击战术；慰劳了大后方的难民和群众，向他们问寒问暖……他们考察了农业、矿产开发、工业情况、肃清日货情况、交通、文化、民风、军风以及各级行政官员的工作等方方面面。所到之处，人们备受感动。

陈嘉庚、侯西反、李铁民三人没有编团，他们单独赴西北慰劳。5 月 31 日，他们冲破国民党的阻挠到达中国共产党领导的陕甘宁边区首府延安。说起陈嘉庚来到延安还真是充满了勇气和胆量。因为蒋介石虽然和共产党合作抗战了，但他存有苟苟私心，时刻假借抗战削弱消灭共产党，对外封锁中共的抗日消息，污蔑歪曲宣传，对内动不动就搞反共“摩擦”。在陈嘉庚等出发慰劳前夕，蒋介石专门设宴招待，席间有意地问道：“陈先生都准备到何地视察?”

“到兰州、西安，方便时还要到延安看看。”陈嘉庚操着一口较难懂的闽南话回答，由秘书李铁民翻译。

蒋介石竖着两只耳朵，一听说还要到延安看看，长长的脸立刻阴沉下来，操着一口浙江话嚷道：“共产党无民族思想，口是心非，背义无信……”蒋介石怒骂着，还未等陈嘉庚再答话，又愤愤地说：“陈先生可勿受欺骗!”意在警告陈嘉庚不要去。

一个是南征北战的军阀、枭雄，一个是闯荡海外、饱经风雨的侨领、富商，他们坐在一个餐桌上是那样的没有共同语言。宴席虽丰盛，但席间的气氛却是那样的凝重、沉闷……

果然，陈嘉庚在去延安的路上受到多方暗中阻挠，险象丛生。陈嘉庚也是满腹怀疑：共产党、延安果真如蒋介石所谩骂的那样吗?

5 月31 日下午，陈嘉庚等一行抵达坐落在陕北黄土高原上的延安。延安这座小城虽不够繁华，但也有几分景致。四周高低不平的黄土地此时已披上翠绿的新装，环抱着这座城市；依坡而建的窑洞错落成行，宝塔山巍然挺立，延河水潺潺流淌，像是有节奏地鼓掌欢迎千里迢迢从海外归来的亲人。中国共产党的五老之一的吴玉章、边区政府副主席高自立、八路军后方留守处主任萧劲光、120 师参谋长周士第以及各机关和学校、当地群众代表等5000余人前来车站欢迎陈嘉庚等三人。延安归侨站在欢迎队伍的前列，他们举着“欢迎海外归来的陈嘉庚先生”的横幅……

▲（左起）李铁民、陈嘉庚、侯西反在延安慰劳考察

陈嘉庚、李铁民、侯西反三人下了汽车，顿时，“欢迎陈嘉庚先生莅临延安！”“向陈嘉庚先生致敬！”“向海外爱国侨胞致敬！”等口号声此起彼伏。吴玉章、高自立、萧劲光等迎上前去，同陈嘉庚等一一握手。人群欢呼着，涌动着。陈嘉庚等人深为这种热烈的场面所打动，脸上露出平时少有的笑容，不断向欢迎的人群挥手致意。高自立首先代表边区各界致欢迎辞，继而陈嘉庚讲话，李铁民作了即席发言。接着由在延安的归侨青年向陈嘉庚等三人献花致敬。

在延安，陈嘉庚等人参观了女子大学，朱德、康克清在校门口迎候。之后由朱德陪同到杨家岭看望毛泽东。几百万海外赤子的代表，致力于亿万中国人民解放事业的领袖，在一座不显眼的窑洞里，第一次历史性地相会了。双方畅谈甚久，共进午餐，宴席设在门外的露天场地上，十分简朴，甚至连咸萝卜干都摆到桌上。当晚，毛泽东、朱德陪同陈嘉庚等至中央党校大礼堂参加欢迎晚会。

陈嘉庚等人在延安访问了九天，参加了四次群众性集会，参观了抗大等学校，与在延安的归侨进行多次座谈，考察了延安城乡建设，视察了离延安数十里的安塞钢铁厂，和毛泽东、朱德等许多中共党领导人进行了接触和畅谈。访问使他们比较深入地了解了中国共产党的抗日主张，陕甘宁抗日根据地的生产建设、民众生活……百闻不如一见，谩骂谣言抹杀不了事实。陈嘉庚进行了对比：延安与重庆，共产党与国民党，毛泽东与蒋介石……

九天时间虽然短暂，但访问的意义和价值是巨大的。这是陈嘉庚真正认识中国共产党并与其领导人接触并建立友谊的开始，是他亲蒋、尊蒋，认为国民党蒋介石是中国的合法代表的正统观念转变的开始，是他人生旅途上的转折点。如廖承志所说："南洋爱国华侨领袖陈嘉庚先生，这次回国慰劳并视察，亲自去了延安，通过实际观察，陈先生加深了对我党的了解，他的思想有很大变化。"

这短暂的时间对于中国共产党来说也是十分重要的，共产党的宽广胸怀及其形象、主张、志向真正为南洋千百万华侨所了解。这是中共与华侨交往光辉的一页。

作为侨居海外的侨领，陈嘉庚的转变，当然不是他一个人转变，而是带动了一大批华侨的转变。同他一起访问延安的侨商李铁民也深受感染，新中国成立时，他和陈嘉庚一起回到了祖国。

精神的力量是无形的，但又是巨大的。一个民族保持民族精神，才能成为历久不衰的民族，才能崛起于世界民族之林；

一个人有精神，才能振作有生气，才能事业有成。陈嘉庚率领的南侨慰劳团，并没有带回更多的金钱、慰劳品等物质上的东西，但他们带回了海外千百万侨胞的巨大精神力量，带来了海外侨胞的热诚心意，带回了海外侨胞的爱国情感，带来了中华民族抗敌必胜的信念……

这种精神的力量，力大无比，价值无限。

献身运输生命线

◎ 响应祖国的召唤

在我国云南省昆明市的西山公园里，1989 年 7 月修建落成一座高大的镌刻着“赤子功勋”四个苍劲有力大字的纪念碑，碑文共六段，其中第三段写道：

当时，沿海港口均已沦陷，滇缅公路成为唯一的国际通道，世界各国和海外华侨支援我国抗日的军需物资均赖此路输入。南侨机工不顾个人安危，冒着弥漫的战火，夜以继日地抢运军需辎重及兵员，组装、抢修车辆，培训驾驶、机修人员。滇缅公路沿途山高谷深，地势险要，道路崎岖，设施简陋，加之敌机狂轰滥炸，路塌桥断，险象丛生。南侨机工沐雨栉风，披星戴月，历尽千难万险，确保了这条抗日生命线的畅通，被誉为“粉碎敌人封锁战略的急先锋”。在执行任务中，有一千多人因战火、车祸和疫疠为国捐躯……他们以自己的生命、鲜血和汗水，在华侨爱国史上谱写出可歌可泣的壮丽篇章，也在中国人民抗日战争史和世界人民反法西斯战争史上建立了不可磨灭的功勋。

仰望着高大的纪念碑，诵读着字字千钧的碑文，人们的视线模糊了，仿佛看到当年南侨机工（华侨司机和修理工的简称）献身于祖国抗战事业的一幕幕感人场面。

日本挑起了侵华战争后，很快地占领了我国东北、华北、华中和东南沿海的广大领土，切断了我国绝大部分对外的水路交通路线。中国对外唯一通行的国际通道就是西南的滇缅公路了。

1937 年底，中国政府动员云南省 20 多万民工开始抢修滇缅公路，到 1938 年 8 月，仅 8 个多月时间，滇缅路就初步修成通车。在这 20 多万筑路民工中，除云南省各族人民外，还有不少归侨。美国的一位归侨工程师就参加了该路的设计。公路中的一些桥梁，是缅甸侨胞出资、出力修筑的。

滇缅公路全长 1146 公里，大部分穿越于崇山峻岭、荒野和激流。它穿越横断山脉、怒山、高黎贡山，横跨怒江、澜沧江、漾濞江。山高水急，坡陡路弯，工程浩大艰巨。3000 多名筑路员工为修筑公路献身。它是云南各族人民和海外侨胞用血汗和生命浇筑而成的一条国际交通要道。后来滇缅路西部一小段改为柏油路，南侨总会经陈嘉庚之手捐叻币（新加坡货币）200 万元给西南政府当局，作为铺路面油漆的费用。1938 年 10 月，广州沦陷后，祖国的南大门亦被堵死，大批作战物资囤积于缅甸的仰光、曼德勒、腊戍，急需运回，滇缅公路就成了中国抗战对外通行的唯一一条“生命线”。

不言而喻，这条临时仓促抢修的公路是速筑、速成、速通车道，实际上路况极差，不能算作是一条“合格”的战略公路。在很长时间里，它依然是边行车，边抢修；边塌方，边补修；边拓宽，边铺石。同时，日军极力封锁轰炸这条公路，并专门成立了“滇缅公路封锁委员会”，由中国内地和越南频繁出动飞机进行破坏性轰炸。仅滇缅路上的“咽喉”惠通桥和功果桥，各被炸坏 20 次以上。在这样的公路上运输战略物资，必须具备质量好的卡车和技术过硬的驾驶人员。而当时国内这两者都十分奇缺，致使初期这条公路肇事甚多，“生命线”被视为“死亡线”。

紧急情势下，国民党政府西南运输处（又称西南运输公司）驻新加坡分处的负责人拜访了南侨总会主席陈嘉庚，请求救援。陈嘉庚及其领导的南侨总会当即表示，事关祖国抗战大业，一定全力以赴。西南运输处主任宋子良得知陈嘉庚和南侨总会如此坚定的态度后，立即急电陈嘉庚和南侨总会，正式请求“征募”汽车司机和汽车修理技工，回国到滇缅公路抢运作战物资。

“急电”如火！“急电”是祖国的呼唤，民族的需要！南洋千百万华侨立即行动起来。南侨总会收到电报后，一方面发动广大侨胞捐献卡车；另一方面于 1939 年 2 月 7 日和 3 月 9 日，分别向南洋侨胞发出征募汽车驾驶员和机修人员的第六和第八号通告，严格规定了选择华侨机工的条件和回国应遵守的纪律。从通告中看出，南洋华侨响应祖国的号召既积极又认真，他们力求把最优秀的华侨青年选送回国抗战，不使祖国人民失望。

▲运输途中的南侨机工

南侨总会是东南亚华侨支援祖国抗战的最高组织，陈嘉庚是深孚众望的著名爱国侨领。南侨总会征募华侨机工的倡议发出后，得到广大华侨青年的踊跃响应，各地华侨救国组织纷纷行动起来，层层落实。在南洋各地华侨中掀起了妻子送丈夫、父母送儿子回国服务的热潮。当然，因怕亲人反对，背着家人报名、不辞而别的，也大有人在。

南侨总会征募机工的通告发出后，南洋各地的华侨青年成群结队地涌向报名地点。为了“考验”合格，年龄小者，虚报年龄。超过年龄者，“隐瞒”岁数，甚至有女扮男装的。经过“考验”，最后选定3200多人，远远超过祖国政府要求征募的数额。

每一个回国的华侨机工都有着生动感人的故事。在新加坡英国汽车公司从事修理工作20多年的机械工程师王文松，每月薪水叻币200多元，折合当时国币约700元，而招募机工的每月薪水仅国币30元。王文松毅然报名，抛弃安稳舒适的生活，告别老母亲、妻子及三个孩子，并招10多个青年徒弟自备修理工具回国。王文松回国后在滇缅路上任下关修理厂厂长，为抢修军运车辆贡献殊多，不幸在1943年因车祸殉国。

泰国华侨机工蔡汉良年仅21岁，既是司机又是机修工，得知南侨总会的通告后，便下定决心报名回国。他料定家里不会同意，干脆来个“先斩后奏”，背着家人到几十里以外的筹赈会报名。报名时恰巧碰到自己叔父的老朋友、侨商王联辉。王联辉对蔡汉良很好，早有将爱女许配给他之意。当其得知蔡汉良要回国抗日时，便规劝他不要回国，并给他指出三条路供选择：（一）留下与其女成婚；（二）暂时不结婚也不勉强，就租一间铺面，让他独立开店，收购橡胶；（三）若是喜欢开车，就将其16部汽车供其挑选，经营客运公司。条件很诱人，但拴不住蔡汉良的一颗爱国之心，国难当头，哪有心思成家、赚钱？于是他婉言谢绝叔父老友的好意，毅然报名回国。1939年8月8日，蔡汉良离开泰国之际，给叔父、婶母和王联辉留下告别信，三人见信后同时追到出发地。婶母是位泰国妇女，劝阻他说："我今天是特意来追你回去的，若不回去，今后就永不相认了！"王联辉见实在留不住蔡汉良，便在"天天酒家"宴请欢送他。

马来亚机工刘瑞齐的事迹也很感人。他是闽南永春人，3岁丧母，12岁失父，被迫随同乡到马来亚谋生，受尽了各种苦难。后在一家永春籍的店铺当学徒，因他诚实，吃苦耐劳，逐渐获得店主的信任，店主让他学开车运货。有一次街道失火殃及该店，刘瑞齐冒死为店主抢救出货物和账簿，而自己被严重烧伤。店主很感激他，拨出一笔财产让他独立经营，并将次女许配给刘瑞齐。婚后第三天下午，阳光明媚，刘瑞齐陪着新娘外出散步，无意中看到载有日本大举侵华、祖国招募机工回国抗日的报纸。得到这个消息后，刘瑞齐心里展开了激烈的思想斗争——想要回国抗日，又不忍心离开新婚妻子。最后还是下定决心回国，背着妻子和岳父一家到异地报了名。在新婚的第10天深夜，他趁妻子睡熟之际，将自己的手表、结婚戒指和一些贵重的东西及给妻子的告别信包在一起放在妻子的衣柜里，取下一套衣服就默默地出发了。他万万没想到，这次"新婚别"，竟成为与妻子的终生诀别。

刘瑞齐不辞而别，一别就是几年，妻子日夜思念，忧郁成疾，卧床不起。岳父无奈，给刘瑞齐写信告知实情，恳请他南返回家团聚。正在滇缅路紧张运输战略物资的刘瑞齐接到信后，泪流满面，他思念爱妻，但还是含泪给岳父写信，表示抗战不胜利，自己不能回去。后来太平洋战争爆发，日军占领马来亚，思夫病重的妻子经不起战争的折腾而病逝。为了祖国和民族解放，刘瑞齐抛下新婚妻子回国抗战，连爱妻病重也不肯回去看一眼，其事迹催人泪下！

新加坡个体客运司机吴世光，是一个民族意识很强的倔犟的小伙子。他小时候是个孤儿，随堂兄南来谋生。抗战爆发时，他的运输生意本来挺“红火”，又有一个心爱美丽的未婚妻。吴世光得知祖国征召华侨机工的消息后，和未婚妻商量回国抗日，一个坚决要回去，一个坚决不同意。两个人都很倔犟，各不相让，最后俩人在极不愉快中洒泪相别。吴世光最终还是回到滇缅公路了，但他上路不久即在永平险路中随车翻入峡谷身亡。其未婚妻在新加坡的报纸上得知这一噩耗后，当即哭晕了过去，并患上了精神病……

马来亚怡保的颜世国，是一个熟练的汽车驾驶员，1939年春节结婚时，和妻子双双把结婚的金戒指连同节省下来的婚礼费用一起捐给祖国抗战。不久，颜世国看到了南侨总会为国征募机工的通告，当即产生应征的念头。但他不像其他单身汉无牵无挂，说走就走。自己毕竟刚刚建立小家庭，爱妻又有了身孕，还有老母、弟妹……颜世国矛盾极了，但还是决心回国。他先把妻子安顿到岳母家中，然后背着家人到另外报名点，不辞而别地回国了。

马来亚麻坡华侨孙其文，是个独生子，家里除父母外，还有妻子和一个两岁的儿子，是家里的“靠山”。得知祖国招募机工的消息后，他思想斗争激烈：祖国有难，应该回去挽救；但祖国炮火连天，回去万一有个三长两短，谁来照顾父母妻儿呢？真是忠孝难两全。最终孙其文还是下定决心回国，因怕家里知道阻拦，他没有在麻坡报名，而是径直跑到新加坡报名，随即悄悄地离家回国。对此，他自己也觉得太过分了。回国

▲马来亚雪兰莪华侨欢送华侨机工回国服务

后，因南洋家乡被日军占领了，杳无音信，他在国内组建新的家庭。所以，几十年来，南洋的亲友一直和他断绝关系，恨他无情无义。也难怪，孙其文后来得知，他回国后，妻子气疯了，不久即失踪了，父母也相继去世，剩下一个儿子由舅舅抚养大。一个好端端的家就这样毁了，所以他心里一直很难过、愧疚。但他说："不！我不是无情无义的人！更不是忘恩负义的人！爱国无罪，我是为了爱国而回来的。如果当时让全家人知道，那我还能回得来吗？"

印度尼西亚华侨陈全寿也是背着父母和小弟登上运载机工的轮船回国的。就在轮船离开码头时，陈全寿突然看见 12 岁的弟弟跪在码头上哭喊着"哥哥！哥哥！……"他也立即声嘶力竭地呼喊着"小弟！小弟！……"船已离港，人声嘈杂，无情的海风，渐渐淹没了兄弟俩的呼声……陈全寿四顾周围的同伴们，也都沉浸在离别的伤感之中。他心想，不能带着这样的情感回到祖国抗战呀，随即带头高歌起来：

向前走，别退后，
生死已到最后关头。
同胞被屠杀，
土地被强占，
我们再也不能忍受！
亡国的条件，
我们决不能接受！
祖国的领土，
一寸也不能丢！
……

唱着唱着，有的同伴也跟着轻声地唱，渐渐变成了全船机工的大合唱。

他，身穿机工服，腰束牛皮带，威严俊俏；她，头戴护士帽，身穿白衣衫，端庄秀丽。谁也意想不到，相片上俊俏的小伙子和美貌的姑娘，竟是同一个人。

中国古代有花木兰女扮男装代父从军的故事。然而，在归侨机工的行列中，竟然有“当代花木兰”的巾帼英雄，这还是新鲜事儿。1939 年女扮男装回国的马来亚槟城华侨李月美就是当代的花木兰。她当时是瞒着父母、穿着弟弟的衣服、以一个铁血男儿的身份报名回国的，竟然没有被发现。回国后到滇缅公路运输翻车身负重伤，被南侨机工杨维铨救出送进医院时，这才暴露了女儿身。康复后，李月美在滇缅路当白衣天使(即护士)。李月美伤愈后，与抢救并照料她、比她矮一截的杨维铨结为伉俪，被传为佳话。何香凝女士为表彰李月美的爱国事迹，特为其赠题“巾帼英雄”四个大字以为纪念。

在昆明，不少人知道老机工韩利丰有两个妻子，但在实行一夫一妻制的新中国，人们并没有怀疑老韩犯有“重婚罪”，大家知道这是半个世纪前的抗日战争造成的。

韩利丰是海南岛文昌县人，12 岁赴南洋投奔父亲。后来奉父母之命，回国娶海南家乡姑娘周亚妹为妻，婚后带着新娘返回新加坡侨居，并生了一个可爱的女儿。1939 年，韩利丰高唱救国歌，告别妻女到滇缅路运输军用物资。太平洋战争爆发后，侨居地被日军占领，老韩十分担心妻女的安全，后来多方联络仍杳无音信。他绝望了，遂娶一云南姑娘李瑞萱为妻。而留居新加坡的周亚妹，一直等待丈夫早日胜利归来。有一次，日军到她家搜捕，气势汹汹地问：“你丈夫做什么去了？”她镇静地回答：“几年前出去做生意，得病死在外边了。”后来英国军队解放新加坡时，也问及她丈夫，她自豪地告诉他们：“丈夫回中国抗日了。”此后，她日思夜盼夫君回来，望穿秋水，也没等回来。但她坚信生是韩家人，死是韩家鬼，丈夫为国效劳是光荣的，即使他不在人世，也愿为他守寡，再苦再累也要把女儿拉扯大。就这样她寡居 50 多年。

时光荏苒，几十年以后，有一次老韩在海南家乡偶然从一位华侨那里得知新加坡的前妻还活着，心里便翻腾起来。回昆明后，他一直对李瑞萱守口如瓶。但后来还是被李瑞萱知道了，她开始怪老韩当年没有告诉她这件事，但又一想，这是抗战的历史造成的，也不能怪老韩。有一天，李瑞萱对老伴说：“你这个死老头，就忍心抛下她们母女，几十年不管，人家为你守了 50 多年的活寡啊！想必她也是年逾古稀的老人了，不知她生活得怎样，有没有人照顾，还不快写信去联系，把她接过来一起过晚年。”妻子通情达理，说出了老韩多年想说而不敢说的话，老韩听了感动地流下了泪水。

1991年秋，80多岁的韩利丰到新加坡探亲，和结发妻子周亚妹白发相逢，不禁悲喜交加，喜的是找到了前妻，悲的是女儿却过早地死去了。在周亚妹的陪同下，老韩来到女儿的墓前失声痛哭："女儿，阿爸来晚了，原谅阿爸吧，现在阿爸来看你来了，你能叫我一声阿爸吗……"在场的亲友无不洒泪。

孑然一身的周亚妹，在新加坡亲人不多。韩利丰动员周亚妹回昆明，她欣然答应了。不久，韩利丰和他的两个老伴悲喜交加、泪流满面地在昆明相会，相依为命。

……

1939年2月18日，第一批华侨机工由廖国雄、白清泉率领，从新加坡启程出发。此后一批接着一批回国。每批出发的机工们，都身着统一的制服，列队整齐，步伐一致，穿行于十里长街两旁欢送的人墙之中。码头上，欢送的人潮如海；亲人离别可歌可泣、悲壮的情景令人激动。要走的人是那样的激动、自豪，留下的人是那样的依恋、深情。出征者们的前途、命运将是什么？没有人知道，也没有人去想这个问题，更没有人去问这个问题。大家的脑子里只有一个共同的信念：同日本侵略者决一死战，把这群蹂躏祖国、残杀亲人的豺狼消灭掉！在这些热血华侨青年的头脑中所容纳的祖国和民族的分量，远远超过了自己宝贵的生命和生命的时限。

南洋华侨机工由马来亚经越南回国者，共有九批2654人；由马来亚经缅甸仰光回国者，前后共六批538人。经这两条路线回国者，前后共十五批3192人。这些是由南侨总会及其下属机构登记并安排回国的统计人数。实际上，还有些未经登记零散回国者未算在内。另外，除在滇缅公路上服务的大部分华侨机工外，还有人在其他地方服务。这些合计在一起，共有

3913 人。

在强烈的救国责任感、神圣的历史使命感的驱使下，一批一批回归祖国的华侨机工们，即将开始他们悲壮感人的征程……

◎ 闯过道道“鬼门关”

南侨机工归国后，受到昆明市各界同胞的热烈欢迎。接着被集中在昆明市小西门外潘家湾的“军事委员会西南运输处训练所”编队集训。

▲云南昆明南洋华侨机工抗日纪念碑

1939 年 3 月 6 日，军事训练开始。军训分为军事、政治和技术三科，训练相当严格，像对待新兵一样徒手训练。训练所条件差、生活苦，南侨机工一进国门就受到这样严峻的考验，但他们自始至终地坚持了两个月的训练期。

军训完毕后，便由西南运输处进行分配与编队。南侨机工们先被编为第十一、第十二、第十三、第十四等四个大队；稍后，又组建了“华侨先锋运输”第一、第二两个大队。以上共六个大队，共有车 1152 辆。其余的机工则被混编于其他运输车队之中。机修人员一部分被编入上述各大队随队服务，大部分被分配到芒市、下关、保山、昆明、贵阳、重庆等地的汽车大修厂当修理工。

从 1938 年滇缅路通车至 1942 年该路被日军截断前这段时间里，滇缅公路上运输的车辆共约 3000 多辆，其中南侨机工驾驶的车辆即达三分之一以上。南侨机工都是技术熟练的汽车驾驶员或汽车修理人员。自 1939 年春他们出征滇缅路，到 1942 年滇缅路中断的近四年中，不分昼夜地战斗在高寒运输线上，从通车之始他们就成了开路先锋。据统计，经南侨机工运回的军用物资总共达 45 万吨之多，平均每天运回 300 吨，比他们投入运输之前多十倍。这一数字充分说明，南侨机工运输与滇缅路在整个抗日战争中具有的重大价值和重要地位。

从 1939 年初到 1942 年 3 月 8 日日军占领缅甸仰光前，为滇缅公路运输最为紧张、繁忙的时期。尤其是自 1939 年夏到 1940 年 7 月，南侨机工车队运入的物资主要是由仰光口岸进口的作战急需物资。因国内正面战场战事激烈，所需作战物资补给十万火急，因而南侨机工的运输任务紧急而繁重，必须限时限量，不得贻误。当时，由昆明至下关往返路程为 824 公里，限36个小时内装卸往返运完。在紧张的运输中，时常有车在路上抛锚困在荒无人烟的荒野中，干粮吃完只好饿着肚子等车来才能讨得饭食；缺水渴极了，只好取泥浆澄清后解渴。为祖国抗战效力，他们就是这样吃苦受累也在所不惜。他们向海外亲人描述，滇缅公路的车队是穿行在"风花雪月"之中——即云南沿途风物的四大特点：下关的大风，祥云的茶花，苍山的积雪，洱海的明月。

在莽莽崇山峻岭中，在蜿蜒曲折的盘旋路上，在一辆接一辆的车队长龙中，不时传出雄壮激昂的歌声：

同学们，别忘了我们的口号，
运输救国，安全第一条。
车辆的生命，同样地重要，
好好地保养，好好驾，快把运输任务达到，
再把新中国来建造。

同学们，别忘了我们的口号，
生活要简朴，人格要高超，
不许赌钱不许嫖，快把烟酒齐戒掉。
听啊！哪怕到处敌机大炮，
宁愿死，不屈挠，
努力保家，忍苦要耐劳，要耐劳。

同学们，别忘了我们的口号，
唤醒着同胞，团结着华侨，
不怕山高，不怕路遥，收复失地，赶走强盗。
民族的敌人快打倒，快打倒。

这是华夏赤子一身正气，报效祖国的英雄主义和乐观主义的写照。

崎岖滇缅路，晴雨均难行。晴天，车轮过处尘土滚滚如长龙。雨天，泥水四溅处处有险情：轻则陷轮打滑，泥潭越滑越深；重则泥土俱下，车毁人亡。肩负运输重任的华侨机工，风雨阴晴都得出车，昼夜兼程。1939 年 9 月，云南芒市、遮放一带阴雨绵绵，滇缅公路既烂又滑。第十三大队三十七中队杨保华等人驾驶的十七辆卡车，全部陷进离芒市八公里的泥泞中，寸步难行。机工们想尽了一切办法，无济于事。五个昼夜过去了，所带食物全部吃光。救援的车子进不来，没有补给。从第六天开始，因极度疲劳、饥饿，有一半人倒下。能动弹的人只好上山挖竹笋烧煮，给倒下的战友充饥。这里前不挨村后不接寨，又怕车上的军火出事，机工们只好忍着病饿，困守待援。倒下的人越来越多了，其中有几个机工“老红眼摆子”（一种恶性传染病）病复发了，高热、抽搐不已。他们被困倒在这荒无人烟的荒山野岭之中，死神疯狂地扑向这些孤独无援的海外赤子。也许是他们的献身精神感动了天神，第八天天气转晴，一群路过这里的傣族儿童看到他们的悲惨情景，回去报告当地的傣族同胞，才使华侨机工摆脱了困境。重病的被留下，其他人重新上路。

抗日救国使南侨机工和当地各族同胞结下深厚的友谊，有的在当地人家“赘婿”，成为当地民族的一员。马来亚吉隆坡华侨机工李飒（又名李石飒、李屑）与当地傣族姑娘刘学义喜结良缘就是典型的一例。

李飒回国后和其他南侨机工一道在滇缅路投入紧张的运输工作中，在一次出车返回的路上，李飒在车队最后压阵。正在行进之中，突然下起雨来，在一段险路上车出了故障，他迅速将车修好继续前进。他一抬头，忽然发现正前方路旁悬在半空中的巨石似有欲动下坠的感觉，如果砸中必定车毁人亡。他来不及多想，猛地一踩油门，车子如同被抽了一鞭的烈马，呼地一下向前冲去，由于油门过大，又是盘山下坡路，车速过快，李飒赶紧刹车，但就在这关键的时刻制动失灵了，车如脱缰的惊马狂奔起来。李飒正视前方，灵活转动方向盘，一心想保住车，但就在这时前方急转弯处突然出现两个人影，“糟糕!”李飒大叫一声，眼看车子就要撞到人身上，他猛地向靠山的路边打方向盘，只听“轰隆”一声，车子穿过一个小沙堆撞到山崖边自动熄了火，而他被巨大的惯性甩出了驾驶室，什么也不知道了……

李飒醒过来慢慢睁开模糊的眼睛，听到一声：“你醒来啦?”

他睁大眼睛一看，身边坐着一个傣族姑娘，吃惊地问：“我在哪儿?”李飒知道自己出了车祸，但其他就什么也不知道了。

姑娘忙回答：“在我们家。”

“怎么在你家?”

“你腿伤得很厉害，不过阿爸帮你敷药了。”

李飒想动一下，果真疼痛难忍，证实自己真的受伤了，忙问：“车子呢?”

“阿弟帮你看着呢。”

后来，李飒才知道，发生车祸的刹那，在车前那两个人正是这位傣族姑娘刘学义和她的弟弟。飞速的货车突然冲到跟前，他们来不及躲闪了，眼看就要丧命，只见卡车猛地撞到了路边的山上。原来是李飒为了救他们姐弟主动撞山的。

李飒和刘学义互有救命之恩。一个是血气方刚、爱国情股的华侨青年，一个是美丽端庄、心地善良的傣族姑娘，渐渐地两颗火热的心涌动了……

不久，李飒和刘学义按当地风俗结婚了，李飒的机工战友做的媒人和证婚人。1994 年夏，有位学者到福建泉州汽车运输总站采访了头发斑白、年逾古稀的李飒和刘学义两位老人，当谈到他们传奇而又真实的爱情故事时，老两口非常激动，找出了那张当年在战火硝烟中保存下来的、已经发黄的“结婚证书”。

云南省边镇芒市风景秀丽，山明水秀。兄弟民族民风淳朴，注重人情。傣族姑娘，美丽纯洁，热情大方。马来亚太平机工蔡文兴怎么也没想到自己在这里和傣族姑娘“捡来”了一生的情缘。

1940 年的一天，蔡文兴驾驶着一辆满载军用物资的卡车驶过芒市附近的原始森林地带被飞舞的毒蚊咬伤，随即染上了疟疾。由于运输任务紧张，加上年轻气盛，对身体不适他没有在意，认为挺一下就可以过去了。可是，越走越不对劲儿，身体愈加难受，当汽车行驶到一座傣家村寨旁，他再也坚持不下去了，恶性疟疾折磨得他浑身发冷发抖，头晕眼花。蔡文兴这才意识到疾病的严重性……

这时，一群傣家姑娘经过这里，一瞧就知道这位司机得了“打摆子”病（即恶性疟疾）。她们中一个姑娘急忙跑回家抱床棉被盖在蔡文兴身上。过了一段时间，姑娘们见这位司机脱离了危险，才让他继续上路。

蔡文兴非常感激那群傣族姑娘，后来他带上一些礼物，专门找到给他抱被子的那个姑娘家致谢，并请她转达对其他姑娘的谢意。按照汉族的风俗习惯，蔡文兴这一举动，是件正常的礼节之事。可按当地傣族的风俗，送礼即聘礼之意，所以傣家对这位文雅的小伙子以隆重礼节接待。蔡文兴不知底细，对傣家的招待也不拘谨。待吃完饭后，家长郑重宣布女儿与他的婚事定下来了。蔡文兴听后非常诧异，连连解释说："阿伯，我是来答谢的，不是那个意思。我不是来求婚的……"但木已成舟，不能毁约了。

华侨机工大队的战友们对蔡文兴的奇缘也表示支持并给予帮助。蔡文兴经了解，这家傣族同胞纯朴正派，这位姑娘人品可靠、端庄善良，便答应了这桩婚事。机工大队为他选择一个休假的"吉日"举行了婚礼。抗战胜利后，蔡文兴办理了返回南洋的手续，因妻儿不愿离开芒市傣家，蔡文兴便在这里扎根了。

在滇缅公路上行车，人人都必须闯过四道"鬼门关"。

一是瘴疟关。当地古来即有"要下瘴疟坝，先把老婆嫁"的民谣。尤其是被人称为"焖头摆子"的恶性疟疾，"十人得九人死"。这里各种传播疟疾的疟蚊猖獗，日夜袭人；各种毒虫猛兽随时袭击来往行人，毒蛇不下数十种，不慎被其咬伤，数小时之内即能丧命。可怕的疟疾夺去了上百名南侨机工的生命。如马来亚太平机工蔡世隆，是第五批回国机工的领队，出身富有的家庭，本人有文化，回国后到滇缅路，后染上疟疾，高烧不止，几天后在芒市病逝，年仅 26 岁。

二是险路、险情关。滇缅公路既要穿越崎岖的重峦叠嶂，又要由顶峰绕达江边谷底，渡涧越溪。下河谷、爬大山，不少地段是上有危悬欲坠的巨石，下有深邃莫测的万丈深渊。如由遮放东行至三台山，龙陵之象滚塘、南天门，通惠桥和松山，功果桥之表庄丫口，永平县之铁丝窝等，因地形特殊，弯道急促狭窄，常常发生重大事故。当年，英、美盟军的汽车驾驶员通过这些危险地段，多数都要请南侨机工驾驶员代为行驶。南侨机工虽大多为技术高超的驾驶员，但还是有不少人葬身深谷之中。第十三大队某分队长、新加坡机工符气簪，在带队执行运输任务时，由下关回保山途经永平县的一段险路时，与班长不幸翻入峡谷，遇难身亡。另一新加坡机工陈玉蕊，由缅甸八莫往回运汽油时，因夜行路窄，不幸翻车，坠入深谷，无法收尸。如此献身者还有泰国华侨机工邓丁元、新加坡华侨机工方九十……翻下深谷后即使侥幸活命者，也是重伤或致残，新加坡华侨机工陈亚清运武器时翻入峡谷，幸被抢救及时，头部缝了 21 针，从死神那里夺回了一条命……

三是日机轰炸关。日本侵略者为切断、堵死这条中国对外交通的“大动脉”，派出大批飞机对滇缅公路狂轰滥炸。从 1940 年秋至 1941 年春的 4 个多月里，日机出动轰炸机 400 多架次。横跨澜沧江的功果桥，有一半桥面被炸断坠入江中，敌广播“滇缅公路已断，三个月内无通车希望”。然而，机工们用 144 个大油桶扎成大浮筏，很快通了车。在大批敌机狂轰下，有数百名骁勇顽强的华侨机工被日机炸死，许多人被炸得粉身碎骨，连尸体都无法找到。

四是雨水泥泞关。雨季到来，这里天气变化无常，晴朗的天气有时突然乌云密布，雷电交加，暴雨骤至，山陡路滑，一不小心，轻则陷入泥潭，重则滑坡翻车。

南侨机工就是在这四道“鬼门关”中夜以继日、出生入死地战斗着。只有活着才能实现报国的志愿，但他们却不怕死，为了报国在所不辞，死而无怨。其中有 1000 多名华侨机工就在这重重“鬼门关”中献出了自己年轻的生命，成为中华民族无名的英烈。青山埋忠骨，英魂垂青史……

他们的生命是那样的短暂，多数人没有留下资料，甚至连姓名都没有留下。有的仅留下几行鲜血写就的事迹，但也是那么感人。如新加坡华侨驾驶员吴再春，本来在英属一家工厂内有一份待遇优厚的职业，但基于爱国热忱，毅然回国战斗在滇缅路上。在一次运输军用物资至龙陵时，卡车发生故障，车上没有修理工具，又值大雨，气温骤降，他本可以离车步行他处暂避，但为保护军需物资，始终不忍离开，最后竟被冻死，其事迹“与前线将士守土成仁亦无多让”，受到政府的嘉奖。

战斗在滇缅路上的每个南侨机工都有自己光辉的一页，他们是祖国抗战的功臣；每一位殉难滇缅大道的华侨机工，都是那样的辉煌壮烈，他们是南洋华侨的骄傲！

3200 多名南侨机工，怀着崇高的爱国主义激情，为挽救中华民族的危亡，为把日本侵略者赶出祖国，在抗日战争中吃苦流汗，甚至血洒滇缅大道，献出了宝贵的生命，为祖国抗日战争作出了卓越的贡献。

为祖国民族解放而英勇献身的南侨机工们永垂不朽！

南侨机工抗日爱国的光辉事迹永垂青史！

◎ 不该发生的结局

南侨机工在滇缅路上运输战略物资，其事迹可歌可泣，英勇悲壮。然而，滇缅公路被日军切断后，国民党政府当局对他们毫不关心地加以“遣散处理”；抗战胜利后，政府当局对南侨机工的善后工作敷衍拖沓，机工们的结局也很悲惨。

1942 年 3 月，日军占领缅甸仰光，继之攻占滇缅公路沿线村镇。5 月 4 日，滇缅公路的咽喉——惠通桥被炸毁，缜缅公路被切断。此后，同战火中的难民一样，南侨机工陷入悲惨的处境。

滇缅公路被日军切断，国民党政府不是有组织地安排或疏散撤退华侨机工，而是毫不负责任地下达遣散令，就地“遣散处理”。所谓“遣散”即是失业，实为被抛弃，这些南侨机工落入颠沛流离的困境。据统计，在3200名华侨机工中，除战死、病故、失踪的计千余人和被分配到黔、桂、川等省服务的有二三百人外，其余皆在云南各地自谋出路，大多滞留在昆明。

在云南各地自谋出路和滞留在昆明的侨工，处境十分悲惨。他们彷徨街头，没有钱花，被迫典卖衣物，倾囊以食；有的沿街乞讨，沦为乞丐，贫病交加；有不少人饿死、病死、冻死……当时，在昆明云津市场，常能见到一批批骨瘦如柴、只有下身围着麻袋片沦为乞丐的华侨机工，而冬天一到，时常能碰到冻死、饿死的华侨机工。如当年的侨工愤怒控诉的那样："经常见到有饿死的南侨机工，没有人收尸，清扫的人拿一张草席一裹，拉到郭家凹山上，被野狗吃掉。"仅1942年冬，昆明就惨死10多名机工。

抗日战争胜利了，举国上下，一片欢腾。

政府部门本应妥善安排对抗战有功的华侨机工的复员事宜(复员即是安排他们返南洋家乡)，但却无人过问。机工们仍流散各地，无以为生。当时归侨自发地成立了一个帮助华侨机工的善后组织——云南华侨互助会。互助会为华侨机工的复员问题多次向国民党政府交涉，而政府当局则采取拖延敷衍态度。当初南侨机工归国服务向西南运输处报到时，均有登记名册存案，但管理部门极不负责任，将登记名册丢失。华侨互助会只好重新调查登记造册，并就复员南侨机工事宜拟定六条要求，分别上呈国民党政府行政院、救济总署、侨务部、外交部、社会部及云南省侨务部门和省党部，但各部门扯皮推诿，不予受理。无奈，华侨互助会特派白清泉、邱新民于1946年3

月携带重新登记的机工名册及有关公文，到政府有关机关衙门请愿，要求当局尽快办理，仍无结果。最后，白清泉、邱新民两人便向正在举行的国民党六届二中全会“请愿”，这才算有明确答复，由善后总署批复遣送事宜。拖了一年多，南侨机工才得以复员。国民党政府这样有始无终地对待回国报效的南侨机工，辜负了他们的一片报国之心，实在不应该出现这样的结局。

3200 余名回国报效的南侨机工最终结局是这样：有 1000 多人牺牲在滇缅公路的崇山峻岭之中，有 1000 人经过努力争取复员返回南洋与家人团聚，另有约 1000 人因各种原因留在国内各地。时事沧桑，据统计，国内外至今还在世的华侨老机工只有六七人。

浩气贯长空

◎ 航空救国凌云志

一说起在万里蓝天翱翔的飞机，青少年朋友们都很羡慕，当然也都很想坐一坐啦。

追溯中国的航空事业，中国的飞机制造是与华侨的名字紧紧联在一起的。早在孙中山领导的辛亥革命后期，侨居在美国等科技先进国家的华侨，就开展了制造飞机支援革命、以科技振兴祖国为内容的航空救国运动。1909 年 9 月，美国华侨冯如驾驶着自行设计和制造的飞机飞上了奥克兰的上空，受到外国人的赞扬，为被视作“东亚病夫”的中国人争了一口气。不久，冯如谢绝美国一些航空公司高薪聘请，毅然带着飞机、制造设备及几名华侨助手，回到了祖国并参加了孙中山领导的革命。1912 年 8 月 25 日，冯如为唤醒国人，在广州进行飞机表演，不幸失事遇难，把生命献给了祖国的航空事业。

此后，有志于航空事业的美国华侨杨仙逸学业有成后回国，跟随孙中山革命。不久，杨仙逸奉孙中山之命，到海外华侨中发动募捐购回四架飞机，并带回一批青年华侨飞行员。孙中山任命他为航空局局长，他率领助手在广州建立飞机制造厂，并制造出第一架飞机。试飞时，孙中山亲自带领文武官员观看，宋庆龄不畏风险，跟着登机试飞。试飞成功后，孙中山在机场手书“航空救国”的条幅，赠给杨仙逸。后来杨仙逸在前线杀敌壮烈牺牲，他被称为“中国空军之父”。

可以说，中国早期的航空事业，是华侨用生命和鲜血奠基的。除了冯如、杨仙逸外，其他投身于祖国航空救国事业的华侨数不胜数，20 世纪二三十年代的中国空军飞行员华侨占了很大一部分。

碧空万里，广阔无垠。大自然是那样的美好、宁静。但自日本侵略者发动侵华战争后，从地面上进攻，从空中入侵。万里晴空变得硝烟滚滚，无辜居民被炸得血肉横飞，惨叫声四起……

为了保卫祖国的领空，为了严惩日本强盗，为了保护祖国同胞，海外华侨再次掀起轰轰烈烈的航空救国运动。

为祖国抗战培养输送空勤人才，抗击日本侵略者，是华侨航空救国的一个重要内容。这一活动从九一八事变爆发时就开始了。

九一八事变后，美国旧金山、波特兰、纽约、洛杉矶、芝加哥、底特律、檀香山及加拿大等地的华侨，纷纷创办航空学校或组织航空学会。其中成绩突出者为波特兰的美洲华侨航空学校和旧金山的旅美中华航空学校。

1931 年 10 月 10 日晚，美国俄勒冈州波特兰市华侨集会，演出爱国话剧《万宝山惨案》，进行抗日救国宣传。会上，一致通过成立美洲华侨航空救国会，第二天即开始筹建华侨航空学校。学校成立不久，华侨医生林若泉捐献教练机一架；美洲华侨航空救国会购买“美洲号”教练机一架；后来俄勒冈州华侨救国统会集资 10 万美元，购买教练机三架，命名为“民族”号、“民权”号、“民生”号，供学员训练之用。同年 12

▲波特兰华侨航空学校一期毕业生

月13日，航校举行了开学典礼。1932年5月，第一届学员16人毕业。8月20日，由航空救国会资送回国者有黄泮扬、陈瑞钿、邓秀生、张达馗等九人，还有美国其他航校毕业的华侨学员三人，全队共12人回国。这批学员回国后在广东航空署华侨班受训六个月，然后编入空军服役。

美洲华侨航空学校第二届于1932年5月开学，共招收学员20余人。1933年2月12日，第二届学员13人毕业，其中有李月英、黄桂燕两名女学员。2月18日，毕业学员由西雅图启程乘轮船回国，先在杭州笕桥中央空军学校受训，然后编入空军服役。

创办航空学校，和开办其他学校不同，聘请教练，添置配套的飞机教学设备等需要很多钱，何况美洲华侨航空学校是在异国他乡创办的，其经费多靠华侨募捐集资而来。没有固定的雄厚资金作为后盾，该校开办两期，感到很吃力，至1933年终因经费困难停办。该校先后招收两届学员，共36人，归国服务32人。其中黄泮扬、陈瑞钿等4人后来升为中国空军大队长，成为抗战时期著名的空军英雄。

1933 年 3 月，美国旧金山华侨发起成立美洲华侨拒日救国后援总会，共有 18 个华侨团体参加。一些华侨青年组织飞鹏学会。同年 7 月，飞鹏学会在拒日救国后援总会的支持下，成立旅美中华航空学校。1934 年春，第一届学员 20 人毕业；1937 年初招收第二届，13 名学员均为高级班；1938 年招收第三届，其中飞行员 30 名、机械员 22 名，分别来自旧金山、洛杉矶、西雅图、纽约、芝加哥等 10 多个城市和地区。1941 年初航校解散，八年共办三期，学成归国的飞行员和地勤人员（地勤人员是空军在陆地上的服务人员）约 70 多人。

除上述两航校外，还有美国的芝加哥三民飞行学校、底特律航校中国学生班、匹兹堡航空学校、纽约华侨洗衣馆联合会飞行学校以及洛杉矶、波士顿、凤凰城等地的航空协会、救国会等组织，也先后培养一批华侨飞行技术人员。抗战时期究竟有多少美国华侨空勤人员回国未有确切统计，但数量较大是可以肯定的。广东空军（后统一到中央空军）从队长到飞行员几乎全是华侨。“在驱逐机飞行员中，华侨几乎占四分之三”。据美国华侨史学者麦礼谦统计，抗战期间回国服务的美国华侨飞行员约有 200 人（不包括地勤人员）。

在东南亚各国，有许多华侨飞行员和机械师（飞机维修人员）直接回国参战。1938 年 4 月，数名菲律宾华侨飞行员和不下百人的机械师回国报效；1939 年初，又有 16 名菲律宾华侨飞行员回国参战。1940 年 7 月，国内招考空军，仅越南华侨青年回国报考者即有 145 人，越南华侨还选送华侨青年 30 人进入当地飞行学校学习，以备回国杀敌。

海外华侨看到了祖国航空技术尤其是国防航空能力薄弱，深刻认识到这对防御外国侵略，特别是在对日抗战中要吃大亏，因而自发地在侨居地创办航空学校，为祖国培养空勤人才，这是很有见识和战略眼光的。

联想起来，华侨在海外创办的航空学校，不就是为祖国培养空勤人才的摇篮吗？

◎ 蓝天战鹰勇搏击

自日本发动侵华战争后，祖国上空战云翻滚，敌机轰鸣，爆炸声四起。遭到轰炸的祖国同胞们惨遭杀戮，惨不忍睹……

为保卫祖国领空和受难同胞，许多华侨健儿驾机凌空迎敌，与日军空中鏖战，涌现出许多可歌可泣的保卫祖国领空的华侨英雄。

1937 年 8 月 14 日开始的南京、句容的中日空战中，日军首次出动自称为王牌的木更津轰炸机队，由台湾起飞，每次九架分两批远航偷袭南京、句容、杭州等中国空军基地。我国空军迎头阻击，出战飞机以陈瑞钿、黄泮扬、黄新瑞、雷均炎、苏英祥等归侨飞行员驾驶为主，他们英勇顽强，打了首场漂亮仗。下面是 15 日中日句容空战中的一幕。

15 日下午 1 时，六架日本重型轰炸机偷袭句容空军机场。敌机低空飞行，正在瞄准目标。这时，黄新瑞驾机已经起飞，发现敌机后立即升高到敌机编队侧翼，瞄准一架领队敌机，猛烈射击。敌机应声下坠，拖着一条黑烟落地坠毁。其他敌机见长机坠落，队形散乱，慌乱中投弹，均未击中目标。这时，黄泮扬和苏英祥合击另一架敌机。敌机受伤后，朝句容城冲去，企图与句容城同归于尽，结果冲至离城墙约 30 米远时，飞机触地坠毁，机上五名日军驾驶员全部毙命。其中驾驶座上的飞行员名叫山田，是中尉队长。在他前面的飞行仪表板上，贴有一幅日本少女的照片，照片的两旁有两行日文，意思是爱情是伟大的，但战神比爱情更伟大。在侵略战争中，“爱情”“战神”皆成了鬼魂。

这次南京、句容空战，空中勇士们机智勇敢，严惩日本空中强盗，击落敌机六架，自己未损一机，未伤一人，取得了开战以来零比六的空前大捷，名声大震。为纪念这个辉煌战果，8 月 14 日这一天被国民党政府定为空军节。

1939 年 2 月，中日空军在西北兰州上空展开较量。中国空军参战的是由大队长黄泮扬率领的第五大队第十七、第二十九两个中队。其中十七中队副队长马国廉及叶思强等一部分队员为华侨青年。还有一部分苏联空军配合我军作战。20 日，兰州晴朗干冷。这天是大年正月初二，人们都在欢度节日，而十七中队的勇士们高度警戒，严阵以待。临近下午 4 时，日军出动 29 架飞机侵入兰州上空。当首批八架重型轰炸机进入警戒线时，十七中队的 15 架战鹰当即升高到敌机之上加以截击。中队长岑泽鎏一个俯冲就将日机上田虎雄大尉的领队飞机击落。接着，副中队长马国廉又一个猛虎扑食似的迅速俯冲猛射，三井卓大尉驾驶的飞机当即被击中要害。其他勇士也纷纷射出愤怒的枪弹，几个回合即将敌机编队打散。同时，第二十九中队与苏联空军配合歼敌，将入侵之敌击败。兰州空战，我军共击落敌机九架，是我军取得好战绩的一次空战。此战后，日军不得不承认，中国“兰州空防力量坚强”。

不少归侨飞行员在对日空战中勇猛杀敌，战功卓著。

毕业于美洲华侨航空学校的美国俄勒冈州华侨陈瑞钿，回国后，在对日空战中骁勇异常，次次打先锋，阵阵当英雄。八一三开战时他就在淞沪上空迎敌，接着又参加句容空战。1937 年 9 月 19 日，在山西太原空战中，他表现非凡，只身驾机与

▲美国华侨飞行员（左起陈瑞钿、马鸿安、苏英祥、黄泮扬、黄新瑞、陈锡庭）

日军多架飞机周旋，在飞机受伤的情况下还将一架敌机击落。这架被击落敌机的驾驶员是日本的一名航空大队长，曾在中国任过飞行教练，技术娴熟，枪法亦准，有“驱逐之王”的称号，这次却败亡在陈瑞钿的手下。由于众寡悬殊，陈瑞钿驾驶的飞机亦受伤坠落在一间学校的房顶上，幸无着火爆炸。他当时已满脸鲜血，左臂中弹，处于昏迷状态，被一位教师救起急送医院抢救。伤愈后他又参加粤北空战，在队友的配合下，迫降日机一架，俘虏日军飞行员。1938 年 5 月，陈瑞钿参加武汉空战，是役他一人击落敌机三架。当与第三架敌机较量时，陈瑞钿驾驶的飞机受伤，弹药耗尽，他奋力一冲向敌机撞去，敌机胆怯企图逃跑，结果躲闪不及，当即被撞得解体散落坠地。陈瑞钿驾驶的飞机左翼折断快速下坠，而他以高超的技术在飞机飞速坠落时跳伞成功，落在汉口以东的黄冈县内，头部受伤。同年秋的一天，陈瑞钿单机在江苏无锡上空巡逻警戒时，忽见数架敌机钻出云层，他当即急转翻腾抢占制高点，先发制人发起攻击，几经苦战将一架敌机击落，但他被多架敌机纠缠围攻，孤单无援，加之燃料将尽，处境危险。这时，他果断地骤然侧滚加速俯冲直下，甩掉敌机，迫降于太湖畔的草坪上。他的飞机上枪眼不下 150 个，幸未伤及要害，人机安全返航，目睹者无不为之惊讶动容。1939 年秋冬，陈瑞钿参加南雄空战和昆仑关空战。在昆仑关空战中，陈瑞钿座机油箱中弹起火，火舌往后蔓延，他全身着火，大面积严重灼伤，跳伞落地后，被送往广西柳州医院抢救。他的脸部烧伤甚重，肿得像皮球，眼睛只剩下一条缝，手脚僵直，全身动弹不得，呼吸困难，后被迫回美国医治。伤愈后，陈瑞钿于 1945 年又返回祖国，参加飞越驼峰空运战略物资。陈瑞钿在抗战时期的各次空战中一人击落敌机六架，与战友合作击落敌机五架。陈瑞钿作为一名爱国华侨和民族英雄，备受海内外同胞的爱戴和尊敬，美国友人称他为“中华战鹰”，并把他的事迹用英文编成青少年读物，美国俄勒冈州航空博物馆，还珍藏着他的战争纪录。

和陈瑞钿同被称为我国空中“虎将”的抗战英雄黄泮扬，7 岁随父到美国。在美国，他深感中国人的可怜，便下定决心学点可以使祖国强大的技能，于是选定了航空这一行，将地球踩在脚下，以长中国人的志气。1931 年 12 月，波特兰美洲华侨航空学校招收学员时，规定招收 18 岁以上 30 岁以下的有志青年入学。黄泮扬闻讯立即报考，校方因他不足 18 岁而拒收。后经一再请求，并通过严格的体检和考试，终被录取为第一期学员，和陈瑞钿成为同学。1932 年 5 月毕业后，他和同班八名同学回国，到广东航校华侨班受训半年，编入广东空军，1934 年被提升为分队长，后入杭州笕桥航校高级班，毕业后任驱逐机教官，随后任空军第三大队中队长，奉命驻守句容，拱卫南京。1937 年 8 月，日军飞机袭击杭州、南京、句容等地，他率队迎敌。后来又参加衡阳、南雄、汉口、广州、重庆等地对日空战。他杀敌英勇，指挥有方，战绩卓著，1938 年 4 月升任副大队长，7 月升为大队长。1939 年 2 月 22—23 日，在广州空战中，他率队击落日机 15 架，成为抗战时期有名的华侨空军英雄。

出生于印度尼西亚邦加岛的广西籍华侨吕天龙，1932 年回国考入广西航空学校第一期，因品学兼优，被送到日本深造，1934 年毕业回广西任驱逐队主任教官及飞行队长等职。七七事变后，原属桂系的广西空军接受统一改编，他任中央空军第三大队第七中队长。1938 年参加襄樊、汉口等地的对日空战。尤其 3、4 月在台儿庄会战的空战中，他率队并同其他空军一起轰炸徐州以北枣庄、峄县一带敌军后续部队，有力地配合了地面陆军作战。胜利返航时又击毁一架日军侦察机。战斗中，他的右掌被击穿，仍以惊人毅力，用左手驾机返回机场。飞机着陆后，他的力气用尽，在昏迷中被人抬送医院。这位华侨空中英雄的果敢和勇气，令人敬佩。

1939 年 7 月 25 日凌晨，山西运城华北日军机场，突然爆炸声轰鸣。机场的日军最高指挥官做梦也没想到，处于劣势的中国空军能派飞机来空袭。于是二三十架日本轰炸机顷刻淹没在一片火海之中。加拿大归侨飞行员马俭进是这次空军三架飞机远程奇袭的参加者之一。他们从四川凤凰山基地起飞，在汉中加油，然后沿秦岭南侧的崇山峻岭飞行 500 多公里，经河南抵达运城上空。这次空袭是抗战爆发以来我军少有的一次成功偷袭。1940 年初夏，马俭进飞越缅甸，接美国援华抗战的“飞虎队”的九名飞行员到云南，飞抵昆明上空时，遭到日机的袭击，不能在机场着落，只好南飞。不久，燃料耗尽，在迫降时，马俭进双臂折断，成为终身残疾。

菲律宾归侨、国民党政府中央航校教官刘领赐曾参加上海、杭州、扬州、汉口等地对日空战。当时他已30多岁了，为保卫祖国一再推迟自己的婚事。美国归侨雷炎均、印度尼西亚爪哇足球健将陈镇和归侨叶思强等人也都为保卫祖国领空立下了功劳。雷炎均后来晋升为国民党的中将。

值得一提的是，抗战时期华侨开展的航空救国运动中，还涌现出几名华侨女飞将。美国华侨颜雅清、李霞卿、张瑞芬就是其中的代表。按当时中国政府的有关规定，空军飞行员不要女的，她们便力所能及地开展其他形式的航空救国活动。

出身于国民政府卫生署署长之家的颜雅清，20世纪20年代初随父母到美国求学，30年代后半期随伯父出使苏联，在国联中国代表团任职，并在欧洲学习飞行。日本发动七七事变后，她深感中国空军大大落后于日本，遂赴美国进行航空飞行深造，并产生强烈的航空救国志愿。

1939年3月22日，颜雅清和另一著名美国华侨女飞行员李霞卿按计划分别开始驾驶“新中国精神号”飞机环美航空飞行宣传募捐。5月1日，颜雅清在美国的阿拉巴马普拉特维不幸发生坠机事故，幸运的是她没有受重伤并被救起送到当地医院救治。美国诸多媒体争相报道颜雅清为抗日宣传坠机负伤的事迹，轰动全美。此后，她遂更加努力开展抗日宣传。如5月23日，她在蒙哥马利市政厅播放有关中国抗战的电影；第二天午宴，她发表题为“远东正在发生的事情”的演讲，当晚又在市礼堂作专题讲座；25日，她在交流俱乐部再次播放抗战电影；随后，她又在当地基督教女青年会的女子会所，介绍了祖国同胞正面临的苦难与困境。8月26日至27日，她应邀到缅因州参加缅因航空会议，在会上不失时机进行抗战宣传，并向采访她的记者表示：“我的祖国正遭受的苦难深深地触动着我，如果在海外奔走呼号能为国家和同胞做点什么，那么我当竭尽所能。”1939 年下半年，她以美国医药援华会为平台多次演讲。7 月，纽约广播电台将她作为“明日之女性”进行了专访；7 月底，她参加援华会为中国驻美大使胡适举办的晚宴并致辞，宣称，中国人民虽然正经历着苦难，但是其抗击侵略者的决心是坚定不移的；10 月，纽约基督教电台实况播送了颜雅清在某社交名流俱乐部午餐会所作的题为“少年中国之精神”的演讲；11 月，她又在世界妇女档案中心年会上对与会嘉宾发表演说。由于颜雅清的特殊身份，所以她的抗日演讲宣传更具公信力，效果良好。

与颜雅清一起开展环美航行抗日宣传的另一位华侨女飞行员李霞卿的事迹，一些侨史著作多有介绍。李霞卿出身革命世家，其祖母徐慕兰及姨祖母徐宗汉（黄兴之妻）、徐佩瑶（均为徐慕兰妹妹）均为同盟会会员，是辛亥革命女杰。其父李应生、叔父李沛基均是辛亥革命的功臣。革命世家的出身对民国元年（1912 年）出生的李霞卿不无影响。

李霞卿 14 岁读中学时，便以李旦旦的艺名初登银幕，在其父创办的上海新民电影公司拍摄的首部电影《玉洁冰清》出演配角，一举成功，随后又上演几部电影而走红，与胡蝶、阮玲玉等一起被誉为“星级七姐妹”。正当李霞卿在电影上走红的时候，偶然的机会，使她走上另一条不为人看好的道路。

20 世纪 20 年代末，李霞卿婚后随从事外交工作的丈夫移居瑞士日内瓦。1933 年在巴黎参观一次飞行表演，飞机直冲云霄的刹那使她浑身悸动、刺激强烈，顿时对飞行产生了极大兴趣并欲想当飞行家。回日内瓦后即报名学习飞行，并很快获得飞行执照。随后，她只身来到当时世界一流的美国加州奥克兰波音航空学校深造，被破格录取，成为该校少有的技术高超的女飞行员。

1935 年 5 月 15 日，美国奥克兰机场上空，一架飞机在旧金山湾上空训练特技飞行表演。只见飞机上下翻筋斗，像一只上下穿梭的燕子，飞行自如。地面上观望的人们不断地叫好。正当飞机频繁翻滚时，突然，强大惯性将安全带挣断，飞行员迅速地被从飞机里甩到半空中。突然遇险，飞行员和教练都吓呆了，但强烈的求生欲望随即使飞行员镇静下来，在空中及时打开降落伞，落水后又及时摆脱伞绳缠绕。真皮飞行服泡水后笨重不堪，飞行员尽力在寒冷刺骨的海水中漂浮着、漂浮着，最终被美国海军预备队员救起。这一惊险场面，使观看的人无不目瞪口呆。后来人们得知飞行员不但安然无恙，而且还是一个中国籍的女飞行员。从此，她的名字在美国传播开来。她就是李霞卿。她在生死考验面前成为勇者、胜者，其遇险脱险新闻轰动美国。

1935 年 11 月，她以优异的成绩拿到毕业证和飞行执照。12 月，她学成回国，加入上海航空协会，投身航空救国活动。1938 年 10 月 20 日，李霞卿再次飞往美国，从事一项特殊活动——以红十字会名义环美飞行募捐宣传中国抗战。为此，她随身携带价值达 7000 多美元的珠宝首饰。1939 年 3 月中旬，李霞卿用所带的珠宝首饰作抵押，经美国友人租借到一架小型飞机，起名“新中国精神”号。4 月初，李霞卿和颜雅清开始了各自环美飞行，实施各自的飞行计划。“李霞卿所到之处都受到当地政要名流以及民众的热烈欢迎和热情款待，这其中包括当地政府要人、领事馆高官、各团体组织的负责人和当地华人领袖。”“每到一处，李霞卿无疑都在当地的华人社会掀起了一股旋风。李霞卿的到来让那些身在异乡的炎黄子孙

▲享受成功喜悦的李霞卿

感到振奋和鼓舞，不管他们来自人口多么稀少的社区，也不管他们来自多么卑微的社会阶层，他们都以李霞卿这位巾帼英雄为傲。”但她并没有给人恃宠而骄的印象，注意自己在公众心目中的形象，这从当时报道中也可见一斑。如当年加拿大的《大汉公报》曾报道：1939 年 5 月 11 日，李霞卿飞抵温哥华，翌日出席中国航空建设协会温哥华支会在华侨饭店为她举行的欢迎酒会。唐人街所有华侨社团均派代表与会，当她步入饭店时，各团体代表们纷纷献上鲜花，不少名流热情洋溢地致欢迎辞，并欢快地表演了精心排练的节目。酒会结束后，李霞卿在会议厅发表航空救国思想的演讲，三四百人在室内倾听演讲，挤不进会议厅的许多听众则聚集在门口的走廊上聆听演讲，4000 多居民（占社区人口一半）驻足在大街小巷，通过扩音器侧耳听讲。在温哥华逗留 11 天，她进行多次富有激情的演讲，受到社区华侨的“争相邀请”和“热烈追捧”。13 日，她在远东大剧院发表关于拯救大中华的演讲，院内听众千余人，院外听众达6000多人，盛况空前，她成为当地家喻户晓的新闻人物。她那“中国一定会赢得胜利”的坚定誓言，对于那些身居海外、关心祖国前途命运的侨胞们是一种巨大的鼓舞，“让他们振奋精神，重拾信心”。

5月初，李霞卿的环球飞行好友颜雅清在加州中部发生飞行事故，由于信息闭塞，香港的许多媒体误报为李霞卿飞行失事并受重伤。她虽然没有失事，但飞抵芝加哥时座机出现机械故障，只好再次以珠宝抵押更换另一架飞机，于6月中旬环飞到东海岸的纽约，圆满结束历时三个月的长途飞行，安全飞行美国42个州，近1万英里，为祖国难民筹集美金1万元，中国法币2万元。获得了宣传、募捐的双丰收。

1940年3月中旬，李霞卿在美国医药援华会的支持下并征得该会名誉会长宋美龄的同意，以援华会名义实施了一个更加雄心勃勃的赴南美洲跨国募捐飞行计划。这次飞越的是完全陌生的大陆——语言环境、航空网络及设施、赤道湿热气候等等都是陌生的，因此更具挑战性。当时美国远东杂志记者对她进行专访，问她驾机单独远飞是否冒险的问题时，她回答：“面对侵略，中国为了图存，我们正在忍受着苦难。”“所有的中国人，不论在国内或在世界各地，为了祖国，是很少想到危险的。”有关她的这次南美飞行留下的记录较少，其中秘鲁之行可见一斑。据记载：“在秘鲁，她驾驶一架军用飞机进行了长达一小时的飞行表演，这在秘鲁航空史上前所未有，她的精湛演技引起极大轰动，募捐活动取得巨大成功，创下了单次表演募得4万美元的辉煌纪录。秘鲁政府特授予李霞卿一枚航空金质奖章，并由航空部长亲自为其佩戴。”在秘鲁首都利马举行的晚会上，她受到秘鲁总统曼努埃尔·普拉多·乌加特切的亲切接见。7月，李霞卿完成飞行回到纽约，这次远程跨国飞行历时三个多月，飞越墨西哥、中美洲及加勒比海九国家的 16 个城市，共 18 000 英里。1944 年 3 月底，李霞卿又开始第二次南美洲航行，这次航行飞越了许多人迹罕至的亚马逊丛林地区。这次航行虽然只有 3000 英里，但长达到八个月，12 月初回到纽约。李霞卿的北美、两次南美及其他飞行累计达 45 000 多英里，创造了为祖国抗战宣传的奇迹。李霞卿被誉为“亲善大使”，“李霞卿所到之处无不掀起一阵狂潮”。

▲李霞卿环美航行抗日救国宣传

需要特别说明的是，对于李霞卿当年南美飞行，国内报纸曾登出消息，“称航空女杰李霞卿赴南美洲宣传抗日飞机失事香消玉殒。关于李霞卿之死，至今仍有史料言之凿凿。然而这却是误传，可能是当时信息闭塞，将李霞卿与另一位美籍华人女飞行员李月英混为一谈”。李月英出生于美国俄勒冈州波特兰的一个华侨之家，20 世纪 30 年代初进波特兰中华航空学校学习飞机驾驶，学成后回国报效抗战。因当时中国空军不收女飞行员，她遂在航空委员会任职；太平洋战争爆发后返回美国参加空军，后在一次执行空运任务时与一架战斗机相撞受重伤不治身亡。其遇难消息传到国内，可能因为同为李姓，又都为祖国抗战飞行，故导致“李霞卿飞机失事，不幸罹难”之误。“事实上，李霞卿一直活到 86 岁，直到 1998 年因急性肺炎死于美国南加州渥仑市。”其去世前一年，即 1997 年中国香港回归，她作为贵宾获邀出席回归典礼。随后，她回大陆游历长江三峡，接着远行欧洲，因年迈劳顿而感染呼吸系统疾病，翌年 1 月 24 日因急性肺炎去世。

“抗日救国，匹夫有责”，这是抗战时期许多热血男儿喊的一句响亮的口号。但张瑞芬觉得这个口号似乎有点偏见，妇女也有救国的责任啊！于是，她喊出了“抗日救国，匹妇有责”的口号，并为实现这个口号而努力。

张瑞芬早年侨居美国时，是个音乐爱好者。当上两个孩子的妈妈后，她又爱上了当时少有女人问津的航空事业。她是考进林肯航空学校唯一的女学员，而且学业优等。学完飞行一年后，她在洛杉矶参加航空飞行表演，啼声初试，一鸣惊人。后来在美国的 11 年航空生涯中，她赢得了第一个飞越大西洋的妇女等多项纪录和桂冠，名震美国及世界。

日本发动侵华战争后，张瑞芬立即投入抗日救国的神圣事业。回国当飞行员不可能，她便开展抗日救亡宣传。1936 年秋，张瑞芬沿美国海岸做长途飞行，飞抵旧金山时受到当地华侨的热烈欢迎和接待。她在欢迎会上表示：“鉴于祖国多事之秋，认定航空救国为唯一之目标……仍望将来得有机会，飞返祖国，效力疆场，以尽匹妇救国之责。”简短的几句话，表达了她航空救国的志向。

其后，张瑞芬在旧金山驾机表演翻筋斗及各种飞行特技。当时唐人街（华侨集居区称唐人街）的观众人山人海，大家赞叹不已。降落时，华侨燃放鞭炮助兴。她在离别时，又刊出《张瑞芬启事》，其中有云："敬启者，航空救国，小妹生平志愿，况国难当前，更须急图挽救。"

▲张瑞芬

全国抗战爆发后，为了回国创办航空学校，培养航空人才，张瑞芬不辞劳苦，驾驶自置飞机飞遍美国华侨聚居的城市展览演讲，宣传抗日和航空救国。旧金山华侨购赠张瑞芬"莱恩 S. T. "教练机一架。当该机运抵洛杉矶时，被她的同学张祝文偷去驾驶，机毁人亡。她回国办航校的夙愿也像气泡一样破灭了，但她航空救国的事迹对国内外同胞产生了较大影响。

◎ 苍天慰英魂

在中国古代的神话传说中，人们常常把天上主宰人生的神称为"苍天"或"上苍"。传说"苍天"感情丰富：它高兴时，露出笑脸，就是晴天；它发怒时，电闪雷鸣，即是阴天打雷；它悲哀时，泪水满面，就是下雨。

日本发动侵华战争，惊动了"苍天"，它为日本空中强盗而震怒，为中国健儿保卫祖国、血洒蓝天而悲恸……

美国纽约华侨青年容广成，在罗斯福航空学校毕业后，在强烈的民族意识驱使下，于 1934 年回国报效。容广成在给家人和亲友的信中发誓说："男儿报国，千载一时，热血头颅，必取得相当代价。”1938 年春，西北战事激烈，他主动请缨驾机轰炸风陵渡日军阵地，完成任务回归途中，突遇大队敌机，发生激战，但因众寡悬殊，容广成在华阴渭南壮烈牺牲，履行了其“热血头颅”报国的铮铮誓言。

1938 年 10 月，中日空军在粤北韶关发生空战，美国华侨黄元波和战友陈其伟等人应敌。混战中，陈其伟被敌击伤足部，飞机快速地向地面降落，敌机紧追不舍。黄元波眼疾手快，一个冲刺向陈其伟后面的敌机猛冲猛射，敌机应声像断线的风筝一样跌了下去。但随即黄元波驾驶的飞机亦被数架敌机追逐纠缠，在翻滚角逐中，被敌击中坠入河中，黄元波壮烈殉国。

在南京紫金山北麓的抗日空军烈士公墓里，安放着印度尼西亚万隆归侨梁添成的英灵。抗战开始后，梁添成从印度尼西亚回国考入中央航校第六期甲班。毕业后，先后任中央空军第四大队、第二十二队和第二十三队分队长，参加过河南封邱、山东峄县、枣庄，及汉口、重庆等地对日空战。1939 年 6 月 11 日，日军 27 架飞机空袭重庆。当时梁添成新婚不久在家休假，得知日机来袭后，主动请缨驾机迎敌，在空战中壮烈牺牲。为了国家他以自己的生命换取他人的生存，梁添成烈士的事迹动人心弦。

马来亚麻坡华侨青年林日尊，中学毕业时，正值祖国东北沦陷于日本之手。当时在国内外航空救国浪潮的影响及其父亲的支持下，他毅然选择了航空救国的道路，回国投考广东航空学校，1936 年毕业后在空军中服役，升中尉队长。抗战爆发后，他向父亲和战友们表示：“我等既为军人，生死已置之度外，若为民族为国家虽不幸战亡，亦为无尚之光荣。”豪迈的誓言激励着他杀敌救国。从八一三上海抗战开始，他就驾机迎敌。平型关大战时，他曾去日军阵地投炸弹；驾机轰炸河北平原的新筑铁桥、绥远的平地泉和晋北冀中的敌人交通线。从1937年到1940年春，他先后参加上海、南京、广州、杭州、南昌、长沙、衡阳、徐州、开封、洛阳、太原等数十次对日空战，屡建战功。在石家庄轰炸敌人阵地时，他的飞机被敌人高射炮击中油箱，他的腿部负伤，但仍机智降落，保住了飞机。国民党政府航空委员会特授予他一等宣威章一枚。1940年5月18日，敌机空袭成都，林日尊当即驾机和战友与27架日机展开战斗。当晚又有大批日机空袭成都，他又驾机迎敌，重创敌机三架。他不幸双腿负伤，飞机也受重伤，不幸坠毁身亡。

与日军空战血溅成都上空的还有马来亚归侨陈桂林。抗战爆发前夕，其父将他和弟弟陈桂文送回祖国学航空。兄弟俩分别毕业于广东航校第七期甲班和乙班。抗战爆发后，兄弟俩双双参战。1940年，在一次成都空战中，陈桂林在敌多我少的劣势下，仍顽强地与敌机较量，不幸机毁人亡。弟弟陈桂文后来在昆明空战中捐躯。其父得知两个儿子先后牺牲的噩耗后，怀着极大悲痛将两个儿媳和孙子接回马来亚。为了救国，陈桂林、陈桂文兄弟双双献身，两对妻儿成了孤儿寡母，这一家侨胞的爱国事迹催人泪下！

哇，哇，哇……一阵婴儿的啼哭声从成都市的一间屋子里传出来，妈妈流着泪水在哄抱着他。他从出生一个多月来，还没有见过父亲一眼，更没有得到父亲的亲昵哄抱。说来这个婴儿也够命苦的，他永远也见不到父亲了，也永远得不到父爱，因为在他出世之前，父亲为了保卫祖国已经离开了人世。

婴儿的父亲叫黄新瑞，1914年出生于美国洛杉矶的一个爱国侨商之家。黄新瑞的父亲早年曾多次出资资助来美从事革命活动的孙中山。受父亲的影响，黄新瑞小时就有爱国思想，立下报国之志。1932年淞沪抗战爆发后，他为将来能驾驶飞

▲中国空军的美国华侨飞行员

机保卫国土，进入洛杉矶中华会馆办的航校学飞行，后又到波特兰斐摩飞行学校深造。1934 年春学成回国，先在中国空军当飞行员，后任分队长、中队长职务。抗战爆发伊始，他即多次驾机征战。1937 年 8 月 15 日、22 日参加南京空战；1938 年 2 月 24 日参加汉口空战；4 月 13 日参加广州空战；1939 年 2 月 24 日参加南雄空战。特别是广州空战，日军出动 26 架飞机对广州和粤汉铁路进行轰炸。中国驻粤空军的第二十八、第二十九两个中队共 12 架飞机会同迎战，结果击落日机七架，其中黄新瑞一人就击落三架，为这次以少胜多的空战立下战功。后来他在一次空战中负伤，先后在广州、香港治疗。1940 年底康复归队。自开战以来，他一人在多次空战中共击落日机八架，因战功卓著，被提升为空军第五大队队长。1941 年 3 月 14 日，日军大批新式性能优越的零式驱逐机向成都扑来，黄新瑞离开即将临产的妻子，率第五大队从成都西南双流机场起飞迎敌。11 时 53 分，敌我双方在重庆与双流上空展开半个多小时的激战，六架日机被击落，黄新瑞和副大队长及分队长华侨飞行员江东胜等壮烈殉国。黄新瑞捐躯之后月余，其妻刘惠贤生下一男孩。在美国的祖父为其取名“川生”，以志不忘国仇家恨。

抗战时期为祖国空战而牺牲的华侨烈士还有关孟祝、李艺空、张益民、刘福庆、梁松宁、王文星、岑庆赐、刘铁树、泥桐植、蒙文森、苏英祥等多人。众多华侨健儿为保卫祖国血溅长空，立下了不可磨灭的功勋。他们为中华民族解放事业而英勇献身的爱国主义精神“亘千秋而不朽”！“历万古而常昭”！

鲜血与星辰辉映，烈士浩气贯长空！

侨界救国群贤

◎ 侨界楷模陈嘉庚

俗话说，火车跑得快，全靠车头带。在广大华侨开展的轰轰烈烈的抗日救国运动中，涌现出一些典型的爱国侨领和富商，他们起到了组织者、领导者和先锋带头作用，影响和带动了整个华侨社会。他们是广大侨众抗日救国活动的火车头。

侨界泰斗陈嘉庚，是人们都很熟悉的名字。早年他跟随孙中山闹革命，加入同盟会。尤其是陈嘉庚为祖国倾资办学的爱国义举传颂海内外，令世人敬佩和仰慕。据统计，陈嘉庚捐献巨资创办厦门大学、集美学校等学校的资金总数达 1 亿多美元！抗日战争时期，年届 70 高龄的陈嘉庚，更是倾全力于抗日救国事业，为祖国抗战作出了独特的重大的贡献。

坐落在新加坡市区的怡和轩，抗战时期是南侨总会的大本营。陈嘉庚作为南侨总会主席，抛下自己的生意，一年 365 天不分昼夜地在这里为祖国抗战操劳，甚至过年也不肯与近在咫尺的家人团聚。在抗日救国运动中，陈嘉庚率先垂范。他在广大华侨中建立救国组织，先后出任新加坡马来亚华侨筹赈祖国伤兵难民大会委员会和南侨总会主席。通过南侨总会，他把全南洋广大华侨发动和组织起来，在南洋华侨史上首次实现侨众爱国大团结。陈嘉庚发动一批批华侨子弟回国参战，通过南侨总会把3200多名优秀华侨机工派遣到滇缅公路，为祖国运输战略物资；动员众多华侨组成战地服务团、义勇队、救护队、记者团等回国杀敌或为战时服务；1940年3月，他发起组织南侨慰劳团，回国慰劳前线将士及后方同胞。

抗战时期，陈嘉庚的生意很不景气，基本上收盘了。但他始终站在筹赈工作的第一线。自新加坡华侨筹赈会成立到太平洋战争爆发日军占领南洋期间，他一直坚持每月认捐国币2000元。在南侨总会召开成立大会上，陈嘉庚鼓动侨胞捐款说："悲观失望，见义不为，有钱不出钱，有力不出力，是对祖国的大不忠！"中国政府发行救国公债时，他首倡认购国币10万元。在他的带动下，新马华侨共承担劝募救国公债2000万元国币。1938年底，武汉合唱团在新加坡为抗战募捐演出时，陈嘉庚用5万元购买一张入场券。1941年秋，他又捐助桂林儿童教养院生产事业费6万元，并带头发起创建重庆制药厂。

▲陈嘉庚在南洋华侨筹赈祖国难民总会成立大会上演讲

在中华民族抗日救国的洪流中，也不时泛起股股逆流。大汉奸汪精卫出卖祖国，投降日本侵略者，建立汪伪傀儡政府，就是一股肮脏的逆流。

汪精卫早年曾跟随孙中山领导辛亥革命，是同盟会骨干，1911 年暗杀清朝摄政王被捕入狱，名震一时。抗战时期汪精卫任国民党副总裁等要务，可谓资深位高，既有“光荣”的历史，又显赫一时。观其早年的表现和抗战时期所处的职位，似乎很难把他同“汉奸”二字联系在一起……

陈嘉庚也是一名老同盟会员，辛亥革命时期汪精卫到南洋进行革命活动时，两人交往挺多，友情深厚。所以，当陈嘉庚听说汪精卫有叛国投敌嫌疑时，非常吃惊，半信半疑，随即致电询问汪精卫是否属实。结果汪精卫回电支支吾吾，未加否定，反而散布他的投降理论。陈嘉庚看完回电后心情很沉重，乃以老朋友的身份申明大义，苦苦相劝：“先生居重要主位”，“一言兴邦，一言丧邦”，可不能做丧尽天良、对不起国家民族的事，否则，海内外同胞，都不能谅解，“万望接纳老友忠告，严杜妥协之门……”陈嘉庚真诚忠告，苦口婆心。

由于心里有鬼，对陈嘉庚的肺腑之言，汪精卫回电，语言搪塞不作正面回答。在事关国家民族前途的大是大非面前，陈嘉庚决不因私人的友谊而缄默。

1938 年 10 月 27 日，国民参政会第二次大会在重庆召开。陈嘉庚作为华侨参政员未能回国参加会议，而是将他的“在敌寇未退出我国土以前，公务人员任何人谈和平条件者，当以汉奸国贼论”的提案致电参政会。当时任参政会议长的大会主席汪精卫，被迫在会议上宣读陈嘉庚的提案时“形容惨变，坐立不安”。最后提案被删改为“日寇未退出我国土前不得言和案”，获得通过。它被誉为“古今中外最伟大的一个提案”。

陈嘉庚的提案是投向汪精卫的一颗重磅炸弹，使其酝酿的卖国投敌活动受到轰击。

开导也好，痛斥也罢，汪精卫的本性是不会改变的。1938年12月18日，汪精卫秘密叛国出逃，并公开发表投降日本的“艳电”，继之在南京成立汉奸“国民政府”。

以汪精卫为首的一伙民族败类公开叛国投敌，陈嘉庚怒火填胸，多次通电痛斥汪精卫的投降罪行，与中国古代南宋陷害岳飞的大阴谋家秦桧无异。陈嘉庚还将他和汪精卫来往的所有电报在南洋一带很有影响的华侨报纸《南洋商报》上发表，向全体海外华侨揭露汪精卫叛国投敌的罪行，吹响了讨伐汉奸汪精卫的号角。

为彻底揭露汪精卫的卖国罪行，提高广大华侨的警觉性，1939年8月28日，陈嘉庚以南侨总会的名义发表了第21号通告《为揭发国贼汪精卫之罪恶请侨胞毋为妖言所惑事》。通告首先介绍了抗战爆发前后汪精卫的罪恶卖国活动，接着历数了汪精卫的六大罪状，号召侨胞“勿为汉奸利用”，“不为妖言所迷惑”，“辨奸讨逆，亦为天职，输财救国，勿止中途”，“不达最后胜利不止”。随即在南洋、欧洲和美洲各地的广大华侨中，掀起了轰轰烈烈的讨汪运动。

陈嘉庚以国家民族为重，不顾私人交情友谊，以大无畏的豪迈气概第一个勇敢地站出来，无情地揭露汪精卫的罪行，有力地打击了汉奸卖国贼的嚣张气焰，为反对分裂投降、维护国共合作抗日立下了重大功劳。

太平洋战争爆发，日军大举进攻东南亚。新加坡沦陷前，陈嘉庚主持成立了星洲华侨抗敌动员总会，发动华侨准备保卫侨居地的斗争。日军占领南洋各侨居地后，血腥屠杀华侨尤其是爱国侨领。陈嘉庚的处境非常危险，被迫撤离到印度尼西亚的玛琅，临行时，他身上未带什么值钱的东西，而是带了一包毒药以备不测，准备随时献身，而决不向敌人屈膝投降，表现了一个爱国华侨的铮铮铁骨。

在战云密布、国势垂危的紧要关头，陈嘉庚挺身而出，以身作则，引导带动几百万南洋华侨抗日救国运动的蓬勃开展，不愧为海外爱国侨胞的一面旗帜。陈嘉庚作为一个最有声望、最有影响的爱国侨领，70 多岁高龄仍奋战在抗日救国运动最前线，为发动华侨支援祖国抗战作出了重大贡献。毛泽东赞誉他为“华侨旗帜，民族光辉”。周恩来、王若飞称赞他为民族解放尽最大努力，为团结抗战受无限苦辛；黄炎培赞扬说：“发了财的人，而肯全拿出来的，只有陈先生。”

◎ 蚁光炎为国献身

“中华魂不死，南极望常尊！”

人们高度赞誉泰国侨商蚁光炎，在抗日战争期间的爱国言行及其体现出的中华民族精神为“中华魂”。蚁光炎的中华民族精神就是为国献身精神。

1939 年 11 月 21 日晚 10 时 30 分，泰国曼谷耀华力路杭州戏院前。“啪！啪！啪！啪！”四声沉闷的枪声，打破了寂静的夜晚。枪声响处，小轿车边一位身着西装、戴着眼镜的高大身躯应声倒地。身边的几个人慌忙把他送往医院。伤者是谁？他是做什么的？为何遭到枪击？送到医院后怎样？

日本发动侵华战争期间，泰国是东南亚唯一的主权国家，但泰国政府亲日排华。因此，泰国华侨的抗日救亡活动相当艰难。身为泰国中华总商会主席的蚁光炎就是在这种环境下率领广大华侨开展抗日救国活动的。他利用自己的地位率先奋起号召侨商、侨贩抵制日货。他是曼谷和湄南河的大驳船主，指示属下拒绝装卸驳运日货。日本人惊呼“华人在暹罗的排日可说由划子（驳船）罢工起首”，使“日本对暹罗的贸易影响颇巨”。蚁光炎发动和带头抵制日货，使日本与泰国的贸易值，从1937年9月的630万日元降到1938年4月的270万日元。蚁光炎的抗日救国活动一开始就遭到日本特务的注意和忌恨。

蚁光炎积极为祖国抗战发动侨胞捐款献物，并支持华侨青年回国抗日。他兼任全国劝募公债泰国分会副会长，引导华侨输财救国，成绩显著。抗战爆发仅两年，他本人及其领导的泰国华侨为祖国捐款共达600多万元。他常用这样一句话激励广大侨胞：“我们都是中国人，救国人人有责！”为保证祖国西南运输线滇缅公路畅通，蚁光炎带头捐献卡车并发动华侨司机回国运输。蚁光炎曾托人运送两辆救护车和大批药品转交中共八路军香港办事处，并汇款到香港华比银行给宋庆龄、廖承志转捐八路军、新四军。他还以泰国中华总商会的名义，发公函介绍一些爱国华侨青年到延安工作和学习。当时有不少泰国归侨青年战斗生活在延安，与蚁光炎的支持是分不开的。这些义举表达了这位爱国侨领对祖国抗战事业和中国共产党及其领导的军队的支持。

为了宣传抗日，蚁光炎出资在曼谷创办《中国日报》，并明确表示，只要抗日行为，都应全力支持。对从祖国到泰国从事抗日宣传活动和进行抗日募捐的人，他都给予热情接待和大力协助。如辛亥革命的主要领导人之一黄兴的夫人、南洋归侨徐宗汉女士到泰国宣传抗日，并亲自接待、陪同，一起组织各种宣传抗日救亡的活动。

1939年5月，蚁光炎回国赴广东韶关参加广东省参议会第

▲泰国中华总商会主席、爱国侨领蚁光炎（前排左四）带领泰国华侨积极开展抗日救国活动

一次会议。他虽已年逾花甲，但奔波各地慰问难民，赴香港与银行界商洽疏通侨汇事，与何香凝、廖承志会晤，共商救国大计。继之又离港飞渝，向国民政府反映侨情，提出“加强抗战，开发西南”的积极建议，并捐款2万元作抗日军费。接着他又赴川、滇等地考察，以便劝导海外侨胞回国投资。他自己带头在云南边境佛海兴建垦殖场，第一期投资10万元。回国五个月，行程迢迢，备极辛劳。10月，蚁光炎返回曼谷，不顾“眼疾甚剧”，满腔热情地向中华总商会和侨胞们宣传祖国抗战，号召侨胞回国投资。

蚁光炎抗日爱国立场坚定，始终站在华侨爱国救亡运动的最前线，功劳卓著，影响很大，在侨胞中享有很高的威望。因此，他成为日本在泰国的特务的眼中钉，必欲除之而后快。日本特务先是挑拨蚁光炎与当地政府的关系，并动摇他的抗日立场。接着汪精卫派妙龄美貌的“女代表”以色相勾引，要他停止抗日活动，遭到他的痛骂。后来汪精卫企图用重金收买，并威胁如不答应将采取强硬手段。但蚁光炎不为所动，当场痛斥汉奸并将其赶走。

威逼利诱不成，日本在曼谷的特务机关加紧布置暗杀行动。当时有人劝告他：“因为带头抗日，汉奸会下毒手了，往后尽量少出门，特别晚间不要出门，可免的活动尽量免了。”但蚁光炎坚定地说：“职责所在，何能辞卸！”“若为国家侨社之事，则何处非险地？大义所在，余岂敢以性命自私乎？”这几句话，字字千斤，铿锵有力。

本来，蚁光炎是一位富有的侨商，荣华富贵，吃穿不愁，可他偏偏不顾一切甚至冒着生命危险为抗日救国操劳，难怪有些人不理解。这也正是蚁光炎民族精神的实质所在。

1939 年 11 月 21 日晚，蚁光炎偕夫人去看望朋友，在一家戏院前准备上车时，潜伏在附近的凶手突然窜出，对蚁光炎连击四枪，蚁光炎随即倒地。在弥留之际，他以微弱的声音给夫人留下这样一句遗嘱：

我虽死，尔等免用痛心，中国必定胜利！……

遗嘱语言不多，但分量很重。蚁光炎被送到医院半个小时后，心脏停止了跳动。

孔曰成仁，孟曰取义，何以践之大无畏，
魂恋中华兮天为泪，浩然犹作山河气。

蚁光炎为国捐躯后，这是其中国民党元老于右任送的一副挽联。“天为泪”，即苍天洒泪，表示海内外同胞的哀悼的情形；“山河气”，表示蚁光炎的精神像山河一样常存。

惊闻蚁光炎遇害的消息，侨界震骇，前往医院瞻仰遗体的达数千人，举行泗水礼之日，男女老幼 6000 多名侨胞前来参加。同日举行公祭大会，由门口到礼堂的中间通道上，“铺一白布，上绘斑斑血迹”，意为一个人倒下去，千万同胞站起来，踏着烈士的血迹前进，继承未竟的抗日救国事业。此间海内外各地唁电唁函犹如雪片一样飘向泰国。南侨总会的唁电：“蚁光炎先生领导侨胞，尽忠国族，不幸遭敌暗算，辞世成仁，噩耗传来，群侨震悼。敬望节哀顺变，继起为国效劳，以慰先生在天之灵，谨电驰唁。”11 月至 12 月间，香港同胞和南洋各大都市的侨胞，先后为蚁光炎举行隆重的追悼大会。各国通讯社都转发了蚁光炎遇害的消息，唯独日本官方对蚁氏之死作为大喜讯，广播报纸大肆宣传。案发后几天，两名凶手被抓获，判有期徒刑，后死于狱中。

蚁光炎“尽瘁国事，劳怨不辞，故噩耗传来，国人惊震!”国内川、滇、黔、粤等省各界得知这一噩耗，除驰电慰唁其家属外，纷纷举行盛大的追悼会。

12 月5 日，中国政府明令褒扬爱国侨领蚁光炎，褒扬令如下：

暹罗中华总商会主席蚁光炎，侨界耆宿，卓著声望，平素热心公益，爱护宗邦，自抗战军兴，领导侨胞，努力捐输，尤具忠悃。近回国抒陈，所述颇多中肯，正拟简任（简任：当时中国政府任用提升官员的一种方式）侨务要职，藉资赞襄，不意返暹未久，乃突遭残害，殊为惋惜，应予特令褒扬，用彰卓行，而励来兹。此令。

自蚁光炎为国捐躯至今，每逢他的殉难纪念日，泰华各界人士纷纷往“蚁光炎纪念堂”致祭，足见蚁光炎是一位深受拥戴的爱国侨商，其爱国精神影响之深远!

◎ 群贤爱国事迹多

搏击在侨众抗日救国潮头的侨领富商，当然不只陈嘉庚、蚁光炎，还有一批侨界群贤。

——菲律宾华侨木材商李清泉，抱病为祖国抗战操劳，是一位忘我为国的爱国侨商。

日本发动九一八事变，东北沦亡的消息传到菲律宾，李清泉拍案而起，组织国难后援会，号召和发动华侨捐款献物支援东北抗日军民；“一·二八”事变发生后，李清泉更是四处奔走呼号，支援十九路军官兵淞沪抗战，“菲岛捐金为南洋群岛之冠”。

七七事变后，李清泉在菲律宾召集各地侨领成立菲律宾抗敌委员会，作为发动和领导华侨为国输财出力的领导机关，他被推选为主席。在该会的领导下，从 1938 年至 1940 年，菲律宾华侨为祖国筹得菲币 1100 多万元。李清泉本人带头认购救国公债 40 万元。李清泉长期担任菲律宾中华商会会长，是经营木材的富商，被誉为“木材大王”。因此，他在华侨中尤其是华侨商界中有很大影响。他带头发动侨胞抵制日货，自愿出任“抵制日货运动组”委员，促进全菲华侨的抵制日货运动普遍而深入开展。

李清泉对祖国抗战的另一大功绩，是同陈嘉庚等爱国侨领共同发起成立南侨总会，推动了南洋华侨抗日救亡的大团结。南侨总会成立后，他和庄西言出任副主席，担负组织领导南洋华侨抗日救国的重任。

李清泉身患糖尿病，仍抱病为祖国抗日奔走，殚精竭虑。1940 年 8 月 27 日，因病情恶化与世长辞。临终之际留下遗言，将 10 万美元遗产捐给祖国抚养难童。在他的这种精神激励下，马尼拉侨团和其生前友好筹集 40 万美元，作为祖国救助难童资金，以表示对李清泉的永久纪念。

——丘元荣是印度尼西亚巴达维亚（今雅加达）的广东籍侨领，曾任巴城中华总商会会长、华侨公会会长、华侨捐助祖国慈善事业委员会主席等职。抗战期间，印度尼西亚广大华侨在他的带动下共捐献药品金鸡纳霜（奎宁丸，治疗疟疾的特效药）达 1 亿多粒。这种药品正是国内紧缺的药品。

1940 年 8 月，丘元荣母亲 80 岁寿辰时，不少人前来祝寿。他当众宣布，将祝寿的费用 1 万元捐助祖国抗战，并把亲友的寿礼折国币 20 万元全部捐给祖国。1941 年 4 月，他回国又慨捐国币 10 万元。从七七事变到 1941 年，丘元荣个人为祖国捐款合计国币 50 万元。全印度尼西亚华侨在他的带动和影响下，捐款献物合国币达 1 亿元之多。丘元荣堪称印度尼西亚华侨抗日爱国的典范。

——70 多岁高龄的美国致公堂侨领司徒美堂老人，侨居美国 60 多年，长须飘然，脸上布满了刀刻斧凿般的皱纹。抗战爆发后，他辞去所有事务，专门负责纽约筹饷总局的工作达五年之久，每天上午 10 时上班，深夜 12 时下班，每日工作长达十四五个小时，风雨无阻，从不间断。为了宣传祖国抗战，他万里迢迢三次往返中美两国。1941 年底回国经香港时，适值日军刚占领香港，驻港日军头子拉拢他出任“维持会”（为日本服务的汉奸组织）会长。明摆着，答应日本人的要求，大权在握，荣华富贵；拒绝出任，性命难保。但人老骨硬的司徒美堂断然拒绝了日本人的要求。在香港洪门会党的帮助下，他化装冒险离港，不顾腿瘸，拄着拐杖一瘸一拐地步行二三百里转入我东江游击区，最终脱险辗转抵达重庆。这是他第二次回国时惊险的一幕。

为了把长期存在隔阂的美洲洪门致公堂组织统一联合在抗日救国的旗帜下，司徒美堂发起成立全美洲洪门总干部，使美洲致公堂的华侨形成前所未有的团结救国的局面。司徒美堂为祖国抗战不辞辛苦，奔走呼号，是美洲华侨抗日爱国的杰出代表。

▲司徒美堂

——侨领邝炳舜，是美国旧金山市华侨商会主席，旅美华侨统一义捐救国总会主席。他领导的救国总会是抗战时期爱国活动最活跃、成绩最好的爱国侨团之一。他不但带动和影响广大侨胞开展爱国义捐，本人还带头多次捐献巨款。1938 年台儿庄大捷，美国侨胞为之兴奋，他当即捐献 10 万美元，慰劳前线抗战将士。1941 年 1 月，邝炳舜回国参加国民参政会，又赠送救护器 10 部，捐国币 10 万元。

在抗日救国运动中，起模范带头作用的侨领还有侯西反、庄西言、李国钦、阮本万、吕超然……

工商侨众奋起救国

◎ 日矿华工罢工

对于华侨社会来说，起带头作用的侨领富商所占的比例很小，占大多数还是处在侨居地下层的工商界华侨，他们是抗日救国运动的主力军。

华侨工人，人数众多，地位低下，没有文化。他们不懂什么深奥的大道理，但他们懂得野蛮的日本侵略者侵入自己的祖国，屠杀同胞，蹂躏妇女，抢劫财物，纵火焚烧……是人类不齿的野蛮行径，禽兽莫如。他们有着朴素而浓厚的民族意识，蕴藏着很大的救国能量和积极性。据南侨总会的统计，抗战期间华侨的捐款，百分之八十为广大中下层华侨所捐献。他们除了捐款献物外，还利用自身的有利条件，开展了一些特殊方式的抗日救国活动。

日本是个资源贫乏的岛国，它发动侵华战争所用的武器或制造武器的原料有相当一部分是从国外购买。太平洋战争爆发以前，美国以中立国自居，虽然对中国抗战有所援助，但一些大资本家又把军火和大量废旧钢铁卖给日本，大发战争不义之财。旅美华工和海员对此表示强烈愤慨，自发地掀起了阻止废铁和军火运往日本的活动。

1938 年 12 月16 日，美国西海岸旧金山，天气阴暗，雨雪交加。

旧金山码头停泊着一艘希腊货轮“施祥罗”号，船上装载废铁 2500 吨，马上起航开赴日本。旧金山华侨闻讯后，群情激愤。华工放下手中的工具，侨商关闭自己的商店，华侨学生走出校门，华侨妇女走上街头，互相串联。成千上万的华侨冒着雨雪游行示威，潮水般地涌向码头，将“施祥罗”号团团包围，阻止其开赴日本。华侨向船员和船长展开了强大的宣传攻势。当地资方多次狡辩，华侨随即派员监视，在码头上日夜轮流值班，坚持不懈，不达目的不罢休。同时致电美国总统罗斯福、国务卿赫尔、劳工部长潘金斯表示抗议；并派人向中国驻旧金山领事馆请愿。经过多方斗争交涉，加之美国友人的支持，美国当局被迫让步，下令不准该船运废铁赴日本。

▲旧金山日本商店抵制日货的华侨纠察队

此后，类似反日爱国活动在美国西雅图、洛杉矶、华盛顿、波特兰等各大港口发生 10 多次，其中波特兰的一次阻运废铁运日斗争坚持长达 13 昼夜。古巴华侨也开展过这种反日爱国斗争。

▲美国华侨游行示威反对美国售废铁给日本

华侨阻止废铁和军需物资运往日本，风行美国各大城市和港口，在华侨工人和海员的带动下，广大华侨群起响应。他们鹄立码头，风雨无阻，坚持不懈地斗争，并且大多获得成功。这种抗日爱国活动，减少了日本制造军火的原料来源，是支援祖国抗战的一种独特的形式。

除了从国外购买废旧钢铁外，日本还在东南亚各地开采金属矿，尤其是铁矿，然后将矿石运回国冶炼制造武器。而在这些矿山里，日方雇佣了许多华工。日本发动侵华战争后，华工们岂肯甘心为日本侵略者服务，纷纷掀起了罢工斗争，以此打击日本侵略者，间接支援祖国抗战。

马来亚是日本苦心经营数十年的一个重要军事工业和钢铁工业的原料供应地。抗战爆发后，日本每年所需要的钢铁三分之二出产在马来亚，马来亚的铁矿成为其生产军火的一个重要支柱。全马来亚各地有近10所日营铁矿，而这些铁矿的矿工华工比例很大。这些穷苦华工平日备受日本资本家苛待和剥削，当牛做马，挨打受辱，工资微薄，早已潜藏着怒火。日本人利用中国人为其开矿，制造武器侵略中国，屠杀祖国同胞，这一点华侨矿工是清楚的。因此，在日本发动全面侵华战争不久，华侨矿工便举行了声势浩大的离矿罢工事件。

龙运铁矿是日本在马来亚经营的规模最大的铁矿场之一。该铁矿每日产铁矿石千余吨，年产量约40万吨。平均每周装运三艘大型货轮运往日本本土。若日本以此制造军火，则每小时可制造子弹约4.5亿颗。日本发动全面侵华战争后，日本资本家“为了防范华工的反抗，其限制约束办法也较以前更为残酷”。他们一方面用武力威胁华工，另一方面用提高工资或以金钱收买诱惑华工……

华工们的反日情绪就像待燃的干柴，一遇火种即熊熊燃起。一些进步华工秘密鼓动酝酿，当地侨校师生深入到华工中宣传，侨领暗中组织接应。经过酝酿和准备，反日斗争的火种终于点燃了——1937年12月初，第一批华工离矿罢工，接着一批批华工相继离矿。全矿的2700多名华工大部分离矿，所剩无几。不但如此，华工离矿时还纷纷捣毁机器。

对华工离矿罢工，日本资本家十分恼怒，采取更加严厉的措施进行阻挠或镇压。他们暗中收买华工中的败类，流窜于工人宿舍，充当间谍，监视工人；组织武装人员对过往行人和进出矿山的矿工严加盘查，稍有怀疑者一律加以扣留；见到报刊书籍悉数没收；把日工资由三四角提高到二三元……但这种种阴谋手段丝毫不能动摇华工的抗日爱国决心。在很短的时间内，不但全体华工罢工，一些印籍工人也纷纷离矿，使矿山生产处于瘫痪状态。接着马来亚其他各铁矿的华工群起响应，到处燃起华工罢工的熊熊烈火……

不难想象，罢工的华侨工人，既面临着严峻的生活困难，又冒着生命危险。他们一方面要坚决同日本资本家的疯狂报复作斗争，另一方面还要养活妻儿老小，离矿罢工就等于失业，就要在生死和饥饿线上挣扎。但为了不使祖国遭到日本豺狼的吞噬，不使自己的家园和祖坟受到敌人的践踏，不使自己的骨肉同胞受到侵略者的兽性蹂躏、屠杀……广大华侨工人毅然选择了罢工，把死亡的威胁和困难留给自己。

受到华工罢工爱国举动的影响，新加坡日本人经营的某大船坞中，5000 多名华工举行集体怠工；马来亚一家日营的制造飞机重要原料的铝厂，全部机器和生产资料一夜之间化为灰烬……

毋庸置疑，日矿华工罢工事件对日本的打击是沉重的，使其赖以维持战争所急需的军火原料来源大为减少，犹如对日本的战争机体起到了放血的作用。有一个数字很能说明问题，华工罢工前的 1937 年 1 月至 11 月份，日本每月从马来亚运回的铁矿石为 12 万多吨，同年 12 月罢工以后，平均每月骤减到 1. 2 万吨。这个数字有力地说明了华工罢工对日本的打击。

◎ 侨商抵制日货

抗日战争爆发后的一段时间里，美国芝加哥唐人街的一些华侨商店周围，不时燃起一堆堆熊熊烈火，店主和店员们七手八脚地将自己商店中的一箱箱崭新的商品扔在烈火中当众烧毁。街上行人纷纷停下脚步围观，他们心里很纳闷：为什么把自己店中的商品都烧了？有人还自言自语地说，烧的全是新商品，太可惜了……

日本经济发达，商品充斥世界市场。侨居世界各地的华侨商人有许多人经营日货。日本发动侵华战争后，日本人成为中国同胞的敌人，日货变成了仇货。于是，一些侨商自发地不进、不买、不卖、不用日货，甚至把原来存有的日货销毁。这就是风靡全球的抵制日货（简称“抵货”）运动。上述美国芝加哥侨商烧毁自己店中的日货就是其中的一个场面。

美国华侨抵制日货运动的规模声势浩大。1937 年秋冬的一天，纽约华侨和当地友人共 1.5 万多人召开抵制日货的群众大会，在中美各界人士随后举行的万人大游行中，有 2000 多华侨妇女参加，她们不买不穿日本制造的长筒丝袜，有的穿着棉布袜，有些干脆赤脚走在游行队伍中。

旧金山华侨除了自己抵制日货外，还到日本商店四周劝告人们不要到日本商店购物。他们还印制宣传品或卡片，散发给当地友人，揭露日本侵华暴行，言辞恳切地请求他们不买日货。有一位叫黄荣灿的华侨青年在日人商店用油漆涂写“抵制日货”等标语，被警方拘捕。

欧洲华侨在全欧华侨抗联会的发动下，用两周时间散发抵制日货传单 1000 张，法文传单 800 张。1937 年 12 月 22 日，法国各界华侨 2500 多人召开反日大会，宣传抵制日货，会后抵货运动在法国迅速展开。1938 年春，英国伯明翰的一家华人洗衣店发表声明，拒绝洗染日制丝织衣物，以示抵制日货。

人数较少的大洋洲和非洲华侨也开展了抵制日货活动。新西兰华侨纷纷签署抗敌公约，相约不买日货。1939 年 6 月，有大宗日本葱头运进新西兰，华侨果蔬店立即声明不予进货。非洲南部依利萨伯斯港的华侨，在城市的显眼处高悬反日标语，宣传抵制日货。马达加斯加华侨救国组织亦曾组织华侨商店拒绝购进和销售日货。毛里求斯华侨也曾开展过抵制日货活动。

华侨最多的南洋各地，侨商占很大比重。因此，抗战期间南洋华侨的抵货运动如火如荼，形式多种多样。

新加坡马来亚华侨商界抵制日货运动先是由少部分同侨（同行业的华侨）发展到整个华侨社会的集体行动。如90多家华侨钟表店代表在新加坡总商会集会宣誓不再输入日货，各钟表店所存日货一一登记，一律停止进货和售货。随后，98家华人瓷器商店也集体抵制日货。许多茶商、自行车商、杂货商也纷纷开展集体抵货行动。槟榔屿的中医中药界华侨联合会集会，决定医生与药商合作不采办日货、不给日本人看病。

新马华侨的抵制日货斗争是坚决的。运动开始后，对仍进购买卖日货的奸商先是予以警告；对于少数利欲熏心、唯利是图、丧失国格人格屡教不改者，则采取坚决的制裁措施，其办法多种多样。

在槟榔屿州某条马路上，人们惊奇地发现，路上到处都是黄豆，越来越多。经询问得知：有一奸商贪图暴利，购买大宗日本从我国东北掠夺的黄豆出售。此事为负责抵货的华侨青年们所探悉，当大豆由码头运往货栈时，沿途被华侨青年挖破豆袋，大豆撒了一路，愤怒的华侨们干脆把豆袋拖出扔到海里。此事被称作“豆潮”事件。

一群人围在一根木头电线杆周围，议论纷纷，有的人点头，有的人举起大拇指。原来电线杆上用刀钉着一只人的耳朵，耳朵下面写明耳朵主人的事略和惩戒的时刻，上面书写“取下者即汉奸”的字样，这是新马华侨采取的一种“割耳朵”制裁奸商的办法。在居銮，曾有一奸商多次偷买日货“味精”，被人割掉一只耳朵，鲜血淋淋，观者不下数百人。吉隆坡有一奸商清晨一出门，冷不防从身后伸来一把利刃，未及躲闪，霎时便丧失了一只耳朵，血流满肩……

在一个小集市上，忽然听到有人高喊："黄强来了！黄强来了！"听到喊声，有两个偷偷兜售日货的奸商狼狈而逃，有一个甚至连东西都扔掉了。其实谁也不认识"黄强"。原来这是华侨采用制裁奸商的一种策略：大家警告奸商，在报刊或信件中都用"黄强"这个名字，于是"黄强"变成人们心目中的爱国巨人，许多奸商一听到"黄强"来了，无不抱头鼠窜。

吉隆坡有一奸商夜间偷偷从日本商店进货，后事泄被1000多侨众围打。有一奸商被人捉往僻静处打得鬼哭狼嚎，当地警察和官员300多人赶到现场处理，轰动一时。还有不少地方，买卖日货的商店门前和招牌被涂上乌油和臭屎，此类事在马来亚一年就发生过10多次，涉及上百家商店。还有的刺破运日货货车的胶轮，或在闹市的墙壁上贴出购进日货者的姓名，列出种种证据，使其狡辩不得。新加坡著名侨报《星洲日报》曾将当地贩卖日货的侨商30多家的店名和地址一一刊出，迫使他们改邪归正。

当然，大多数侨商是爱国的，屡教不改受到制裁的奸商只是少数。华侨制裁奸商的活动，有的办法不甚合适或者过激，但他们的爱国心情是可以理解的，也说明华侨抵制日货的坚决性。

在菲律宾，有一次某华侨小学生不留意买了一支日制铅笔，同学发现后对他进行劝说，这位小学生当即把买来的铅笔折断扔掉，发誓永不买日货。缅甸华侨各界开展大规模抵制日货的示威游行；泰国大批华侨树胶商和米商集体合作抵制日货；在侵略者的老窝日本神阪区，战前经营进出口贸易的华侨商人150家，输出额多达日币1亿元，侵华战争爆发后，他们大多数弃业回国，经营陷于停顿状态。

华侨广泛的抵制日货成绩显著。仅以南洋为例，由于华侨抵制日货，日本对南洋的贸易输出 1938 年比 1937 年约减少 38%，输入约减少 30%，贸易总额约减少 39%。

华侨抵制日货也是承担着很大经济损失的，但国难时期，多数侨商宁愿自己受损失，也不赚那些昧良心的黑心钱。

妇女老幼献爱心

◎ 华侨妇女不甘后人

在海外华侨社会中有千千万万个母亲——广大华侨妇女，她们哺育培养子女长大成人，儿女也是最挂念和热爱自己的母亲的。同样，我们伟大的祖国是广大华侨的母亲，华侨妇女热爱祖国母亲。当母亲受苦受难时，她们不顾一切地尽孝敬之心，抗日战争时期表现得最为典型。

华侨妇女人数众多，是华侨社会中一支重要的抗日爱国力量。仅南洋各侨居地的华侨妇女就多达230多万人，约占该地区华侨总数的三分之一，她们分布于各行各业中。抗战爆发后，随着各地华侨抗日救国组织的纷纷建立，广大华侨妇女也组织起来，和男同胞一样开展各种支援祖国抗战的爱国活动。

抗日战争爆发不久，国内妇女界成立中国妇女慰劳自卫抗战将士总会。菲律宾华侨妇女闻讯后热烈响应，成立了中国妇女慰劳自卫抗战将士总会菲律宾分会。尔后，菲律宾十几个省也相继建立妇慰会分会。随后，缅甸、法国、英国、瑞士、美国（纽约、华盛顿）等国家的华侨妇女也积极响应，先后组织了妇慰会分会。

新马华侨妇女亦建立多种爱国团体。其中新加坡的星华妇女筹赈会开展的抗日爱国活动很突出。该会表示，华侨妇女侨居海外，虽未曾亲临抗日前线的漫天烽火，但爱护祖国之心，救护同胞之念，“则未尝一刻忘怀”。该会把联合华侨妇女界同仁，从事筹赈恤难工作作为自己的任务。

1940 年三八妇女节，新加坡全体华侨妇女情绪异常激动，她们白天活跃在快乐世界、大世界开纪念会；晚上，众多华侨妇女齐集大世界举行空前盛大的筹赈游艺大会。会场充满着奋发救亡的气氛，共演出宣传抗日救亡的话剧、歌舞、粤语锣鼓剧等九场，救亡歌声响彻全场，震撼人心。新加坡广大华侨妇女觉醒了。

1940 年七七抗战纪念日，马来亚槟华筹赈会妇女部的 58 名华侨妇女，发起义卖食品活动。她们忙忙碌碌地售票、管理、招待，把义卖得款资助祖国抗战。马华筹赈会妇女部颁布《助赈宣言》指出，华侨妇女与祖国“休戚相关，兴亡有责”。宣言体现了华侨妇女强烈的救国责任感。

缅甸有华侨妇女协会、华侨妇女救灾会及华侨妇女联合会等组织。华侨妇女协会与缅甸妇女、侨缅的印度妇女联合组成华印缅妇女抵制日货团，号召妇女不买日货，主张缅甸政府与日本断绝经济往来。华侨妇女救灾会在 1937 年 10 月发动侨胞捐献旧衣服 80 袋计 11 300 件给祖国受难同胞。1938 年 2 月，华侨妇女联合会创办刊物《女声》宣传抗战，号召华侨妇女为抗战服务。

泰国华侨妇女界组织了暹罗华侨妇女抗日救国联合会，并在各地设立分会进行募捐，将募捐到的药品、衣物等运回祖国。越南、印度尼西亚等地的华侨妇女亦建立了救国组织并开展了救国活动。

美国芝加哥、西雅图、旧金山、波特兰等大城市的华侨妇女都成立了新生活运动妇女指导委员会美洲分会。华盛顿则有中华妇女会，纽约有妇女救国会、华侨妇女爱国会等。这些华侨妇女团体为“促进旅美各地华侨妇女从事抗战建国、复兴民族工作”。她们或者捐献义卖、赈济难民，或者奔走各地进行抗日宣传。

1937 年 8 月 16 日，美国檀香山华侨妇女界成立妇女献金会，会员共有 2700 多人，其中有 500 多人曾参加过各种抗日救国活动。该组织 1945 年 12 月 31 日解散，八年中，为祖国筹赈伤难、劝售公债、航空捐款、响应当地红十字会援华工作等不遗余力，共为祖国捐献美金 15 万多元，折合国币约 49 万元。

加拿大温哥华中华妇女会曾组织大规模音乐演奏会，宣传祖国抗战并捐款。曼得科华侨妇女由阮赓唐夫人组织上街卖花助赈，提倡妇女不穿丝袜，节约救国，受到中外人士的好评。

法国华侨妇女由中国驻法大使顾维钧夫人黄惠兰女士发起，召集华侨眷属及留法女学生在巴黎组织中国难民救济会，会员有 50 多人。该组织自成立以来，除进行抗日宣传，募捐药品、寒衣及 4 万法郎外，还进行如下两项抗日救国活动：一是捐款认养祖国难童，按照我国难民最低生活费用每日每人 2 法郎的标准为祖国难童捐款。这项活动推行后，参加者踊跃捐款认养。她们成为祖国受难儿童的海外慈母。另一项活动是于 1937 年 11 月初开办慈善卖所，得款资助抗战。

瑞士华侨妇女成立瑞士中国妇女抗敌后援会。1939 年 3 月初，该会在伯尔尼与世界大学生互助会合作举行游艺会，华侨妇女表演文艺节目，除售门票外，还拍卖捐助物品，得款千余法郎汇寄回国。华侨妇女还在各地举行演讲会，李平衡夫人曾在日内瓦大厅讲述中国妇女之战时情形；黄玛赛女士曾在世界学生会讲述“中国妇女”一题，并以幻灯方式将各种宣传照片映出。听众观者甚多，颇受感染。

非洲毛里求斯华侨妇女组织了救国服务团，为祖国抗战开展义演等活动。

广大侨胞在海外长期受到歧视和压抑，华侨妇女更是如此。但与以往不同，抗战时期华侨妇女空前活跃。为了挽救危亡的祖国使她们热血沸腾，走出家庭，共同团结奔波在抗日救亡的旗帜下。

在华侨妇女界抗日救亡活动中，涌现出许多可歌可泣的动人事迹，她们是华侨女界的模范。

美国底特律市郊一位40多岁的华侨妇女，人称她为简夫人，其抗日爱国事迹十分感人。她丈夫早逝，带着两个女儿孀居，以开洗衣店为生。七七事变爆发后，祖国战局的变化时刻牵动着她的心。她曾感情真挚地说：

“我虽然未曾到过祖国，未曾见过祖国的一切，但是我是中国人，中国是我的母亲。人类是没有不爱其母亲的，所以我是爱我的祖国，和爱我生我的母亲一样。”

为报效祖国抗战，在抗战爆发后的半年内，她慷慨地捐献出自己苦心经营积攒的血汗钱1.5万美元给祖国。1939年春夏之交，简夫人看到一位在华传教的美国牧师带回的几十幅日军残杀蹂躏祖国同胞的照片后，悲愤欲绝，决定带着这些照片做环美旅行宣传，以争取美国各界援华抗日。旅费不够，她毅然将家里一座两层楼的房子抵押，筹到1000多美元。1940年夏，她不顾亲友女儿、女婿的劝阻，出发宣传。她的足迹遍及美国东北部10余个州，在城乡发表宣传演说达51次，所到之处，受到侨胞和当地友人的欢迎和称赞。旅途的劳累使瘦小的简夫人变得更为虚弱。为了到美国西部去做宣传演说，她只好将抵押的楼房卖掉，并动情地说："若是中国不亡，我愿意花掉最后一元以救国，若是中国不幸而亡了，我誓将离开这个世界。"

在马来亚怡保地区，有一位 40 多岁的华侨妇女罗瑞云，被人们誉为"爱国的母亲"。

罗瑞云的丈夫经商被盗贼杀害，一家 10 口人全靠她做活为生。抗战爆发后，她曾任当地筹赈会募捐部主任、妇女部主任和本地"炉主"（即主席）等数职。她为抗日救亡而日夜奔走，唯一的经济来源小杂货店倒闭了，4 岁的小儿子夭折。1939 年 7 月，她又送别自己的大儿子陈万和回国服务，临别时，她向儿子嘱咐道：

"孩子啊，此行须时时刻刻牢记着为祖国尽忠，在你的脑子里只要刻上八个大字：国家至上，民族至上。此外不应有别的念头，更用不着眷念老母，因为我既立愿，将老身和我的儿女贡献祖国，为民族复仇，为祖国争光，一切牺牲在所不惜，你能为国尽忠，也就是尽孝了。"

质朴的语言，反映出一位普通母亲的伟大胸怀。

抗战时期，各阶层华侨妇女毅然冲破世俗观念，走上社会，投身于抗日救国的洪流之中，成为华侨社会支援祖国抗战最活跃的阶层之一。她们与男子一样对祖国、对民族尽责，发扬无私奉献精神，为祖国抗战作出了自己的贡献。

◎ 儿童老人爱国情殷

支援祖国抗战，渗透到华侨社会各个阶层，就连白发苍苍的老翁和刚刚懂事的孩童也都卷进波涛汹涌的救国浪潮中来。

与其他各界华侨不同，华侨老人儿童，既没有固定的经济收入，也不能到处奔波开展抗日活动。老人年老体弱，行走不便；儿童幼稚天真，思想不成熟。但他们也能根据自己的特点，力所能及地开展以捐款为主要方式的爱国活动。

华侨社会掀起的爱国大潮涤荡着华侨儿童幼小的心灵。在广大华侨风起云涌的捐献筹赈活动中，受到家长和亲戚、邻居等人的影响和感染，华侨儿童纷纷把自己从父母那里得到的零用钱和糖果费献出来支援祖国抗战。爱国童心，同样感人肺腑。

菲律宾有一名叫陶恒久的华侨儿童，1939 年将自己节省的面包费捐给马尼拉中国妇女救济难民协会。协会将该款购买面包义卖，把所得的钱捐给祖国。此事为美国汽车大王福特夫人获悉，深为感动，特赠给他与面包费同价的支票一张，由美国驻菲专员赛尔夫人购买一辆自行车送给他。菲律宾马尼拉侨商李文彬的幼子，年仅 6 岁，将平日点滴积攒的糖果钱折合国币 201 元，悉数捐给祖国以救济伤兵难民。1940 年 5 月 22 日，马尼拉另一华侨女孩叶秀荫，由祖母陪同到妇女慰劳会，把自己一年来节约的糖果费约折合国币 800 元捐给祖国，以此慰劳国内前方将士。

1938 年，缅甸华侨救灾总会开展八一三献金活动，在宁阳会馆里，3 岁儿童唐同民大模大样地走上献金台，献金 29 盾 1 钱，台下参加献金的侨胞报以热烈的掌声。接着，侨童林汉力和林彩凤两人，也走上献金台献金 19 盾。

1944 年 1 月，英国伦敦 4 岁侨童金约翰，为祖国捐款 1 镑 14 先令。美国 5 岁侨童李锦麟口齿伶俐，善用英语演讲，他的抗日宣传感染力很大。每次演讲都有不少中外人士前来聆听，兴奋之处，纷纷解囊捐钱。他将演讲募得的 5 万美元献给祖国。

在学的华侨小学生的爱国活动更加普遍。在新马一带，华侨小学生参加爱国活动亦很普遍。1938 年 5 月 4 日，吉隆坡华侨学生组织了吉隆坡少女剧团，举行筹赈义演。7 月 25 日，马来亚直凉埠华侨小学女学生组织义卖队，出售救国巾，得款汇寄筹赈会。同年 9 月 1 日，新加坡静方、中华和南华三女校的小学生，在新学期伊始，便开展吃穿用节约助赈活动，为祖国抗战尽一份力。她们制定九条节约信条，由校学生会联合召开大会，举行宣誓仪式。义风所播，其他华侨小学相继效仿，急起直追。9 月 6 日，醒华、培群、星华、英汉四校的学生联合召开代表大会，动员学生响应。1938 年秋，新加坡利民律中华女校的 20 多个班六七百名小学生，群起响应新加坡筹赈会发起的为祖国前方将士募集寒衣捐献活动。班与班、人与人展开劝募竞赛，竭尽自己积蓄捐给筹赈会。

▲南洋星剧社华侨作募捐义演《1940・光辉海宇》剧照

1937 年 9 月，越南南圻华侨学校开展小学生果饵缩食捐活动，许多华侨小学生参加。1938 年 4 月 4 日为印度尼西亚儿童节，棉兰各华侨小学在节日期间组织义卖活动为祖国捐献，各华侨小学普遍发动，形成义卖运动的热潮。

华侨儿童少年，没有到过祖国，不知它的方圆大小，甚至连祖国的含义都不很清楚。祖国在他们的脑海中是虚幻的，但又是实在的，是那样的神圣和崇高。他们并不懂得抗日救国的大道理，却能投身于轰轰烈烈的爱国行动，其原因就是他们受到爱国主义的教育、影响与熏陶，从小就知道热爱自己的祖国，热爱自己的民族，而且感情是那样纯真无瑕，他们亦为中华民族的救亡贡献了自己的一份力量。

侨居南非 40 年的 75 岁的华侨老人刘浮初，抗战爆发后，将平生所积蓄的养老金共 900 英镑（约合国币 5 万元）捐给祖国，其中 800 镑充军饷，50 镑慰劳前方抗战将士，50 镑救济难童。其爱国事迹受到政府有关部门的褒奖。

澳大利亚美军华人服务营内一名年近古稀的老华侨，为表达自己一颗爱国之心，将自己数十年积蓄养老用的 300 金镑全部捐给祖国。友人对他的行动表示不理解，他回答说："我老了行将入土，能以区区微金，贡献祖国，实是无尚光荣，死可瞑目矣。"美国一位名叫余开的华侨老人，已经 90 多岁，无业 16 年，生活靠朋友接济，但他仍将其平日节省的 5 美元钱献给祖国抗战。当国内派人到加拿大向华侨募款时，一位老华侨倾其所有 1100 美元捐给祖国，指定作防空之用，仅留 10 美元留作己用，在场者无不为之感动。

人逝爱国心不死。一些华侨老人弥留之际仍惦记着多难的祖国，可敬可佩。泰国华侨黄俊卿疾终泰寓，弥留之际，嘱其家属捐遗产国币 1 万元给祖国。印度尼西亚的一位老华侨郑世深逝世时，为家属立下遗嘱：国难期间，救生尤重于吊死，死后出丧不要铺张，告诉亲友如欲惠赠挽轴者，请折为现金捐给祖国杀敌。在越南经商 30 多年的老华侨陶敬彭，1941 年归国病逝桂林，弥留之际将自己存款 10 万元，捐给前方抗日将士杀敌之用。

▲94 岁华侨老翁捐款抗日

战时回归国内的老华侨也奉献出自己的钱财报效抗战。一位在上海养老的归侨郑崇瑞，抗战爆发后，自愿将其房屋的租金，按月捐给祖国，直到抗战胜利终止。

遍布于广大华侨社会中的爱国潮流，渗透到各个阶层，范围广泛，规模宏大，上述这些只不过是一个小小的缩影。

慷慨无私捐款物

◎ 源源不断地捐献物品

中国的抗日战争，是世界上亘古未有的一场大规模的、持久的现代化战争。日本，是当时世界上军事和经济实力很强的帝国主义国家。中国，虽地广人多，但仍是个半殖民地半封建的落后国家，军备落后，经济不发达。弱国抵抗强国的野蛮侵略，代价惨重，财物消耗巨大。而中国最终能够支持并打赢这场残酷的战争，除靠国内军民英勇抗战、节衣缩食外，还得到国际上的广泛援助，其中包括海外华侨慷慨无私的捐款献物。

华侨为祖国抗战捐献的物资，从天上飞的飞机，地下跑的各种车辆，将士们身穿的服装，以及被褥、毛毯、蚊帐、药品、食品等，品种齐全，应有尽有。

捐献药品

抗日战争战略防御和战略相持阶段，中国军队基本上处于被动防御作战及流动迁徙作战状态，伤亡惨重。又由于东南沿海大部陷入敌手，许多医院、制药厂及医疗器材、防护设备大多遭到破坏或落入敌手，致使前后方缺医少药，出现大量伤病员和灾民。如日军大举向关内侵犯，喜峰口前线的战地医院里，住满了伤兵，等待急救治疗。曾经有一次，几个医生为一伤兵的肺部手术取子弹，由于没有麻药，四个壮汉用力按住伤兵在手术台上做手术。这位伤兵疼得嗷嗷惨叫，大汗淋漓。武汉会战时，战场伤亡很大，且疫病流行，药品奇缺，不少伤病员不治而亡。有一名炮兵连连长，在前线患了疟疾，因没有医药治疗，躺在地上几天不能动弹，生命垂危，后被几个轻伤战友们背下战场才免一死。类似现象当时在前后方普遍存在。海外华侨看在眼里，急在心里，纷纷捐献各种药品。

金鸡纳霜，是印度尼西亚的特产，是治疗疟疾的特效药，也是国内前线和后方急需的一种药品。全面抗战开始后，印度尼西亚各地华侨多次捐献这种药品，合计约达 1.17 亿粒，够 500 万人服用。缅甸华侨也捐赠 100 箱计 500 万粒金鸡纳霜。菲律宾华侨为祖国捐凡士林油膏 15 万磅，防疫浆苗 100 万剂及许多防毒面具。华侨妇女团体捐救伤袋 10 万个。新加坡南洋筹赈会捐赠阿司匹林药片 350 万粒。越南华侨捐药棉 40 箱。欧洲瑞士华侨 1940 年为祖国捐献药品 1146 包，医疗器材 183 件。非洲模里斯（即毛里求斯）华侨捐 X 光镜一架和一批药品。从七七事变到 1940 年夏，美洲华侨捐献药品 1600 个单位，每个单位计有药品 50 种，可供 500 名伤兵一个月之用。美洲华侨捐药可供 80 万伤病员一个月之用，其中大部为美国华侨所捐献。

另外，华侨还广泛开展各种形式的捐款购药活动及伤兵之友运动。为彻底解决药品短缺问题，有些侨领富商在国内外建立制药厂和伤兵医院，如陈嘉庚等人创办重庆制药厂；美国华侨侯总榜、张毓芳等在纽约建立中美药厂；胡文虎捐资 200 万元国币，建立国内伤残军人疗养院；菲律宾华侨吴起顺临终时捐款 10 万元，嘱其家属回国建立伤兵医院等。

▲南洋华侨捐献药品运往延安途中

无疑，华侨捐献的大宗药品、医疗器材等，在很大程度上缓解了国内前线和后方缺医少药的重大困难，减少了抗日将士的伤亡。

捐献服装

为祖国抗战军民捐献冬夏服装，是抗战时期海外华侨踊跃献物的一项重要内容。

自 1937 年冬到 1939 年，沙捞越诗巫华侨筹赈会发动三次大规模募衣活动，共募得 4.3 万套运送回祖国。缅甸华侨红十字会，战时为祖国募集各种衣物麻袋共达 52 万多件，其中冬夏服装约 33.7 万件，新旧麻袋 18.3 万多条。越南海防华侨募捐新旧衣被 5000 余包。泰国华侨捐献衣服 620 包。印度尼西亚华侨捐衣 6 万件。菲律宾华侨捐衣 4 万件。

1939 年，加拿大华侨为祖国抗日前线将领捐献高级羊毛毯 3000 条。巴拿马华侨热烈响应宋美龄发起的征募运动，演剧筹得美金折合国币 9 万多元，分三次汇给宋美龄。大洋洲新西兰华侨仅有3400人，抗战时期为祖国捐款献物达37次，先后五次共捐献毛织品30大木箱约达10吨以上，运至香港东华医院转回内地。非洲毛里求斯华侨抗敌后援会，发动华侨捐献麻袋和衣服，规定一等商店捐100条，二等商店捐50条，三等商店25条，并欢迎私人捐赠。第一批运至香港华商总会转回国内麻袋1.8万条，衣服50包4000多件。侨胞还为祖国捐献大量雨衣和胶鞋。

1939年9月24日，全国妇女慰劳会领导人宋美龄发起为前方将士募集棉大衣30万件、棉背心20万件，特致函陈嘉庚请他发动侨胞捐献。陈嘉庚接函后，于10月6日以南侨总会名义发布通告指出，“值此严冬倏届，将士无衣，忍冻受寒，辛勤为国，实堪轸念”，望“我各属各埠筹赈团体，热心侨胞踊跃响应”。通告分配南洋各国华侨捐衣数额为：马来亚12万件，缅甸1万件，印度尼西亚6万件，菲律宾4万件，越南1万件，泰国2万件，香港2万件。通告发布后，南洋各地华侨掀起了轰轰烈烈的捐衣活动，仅一个多月就募得500多万元，很快完成所分配的数额，使国内前线30万爬冰卧雪的将士免受寒冷之苦。

到1940年，仅南洋华侨为祖国捐献各种棉衣700多万件，夏衣30万套，军用蚊帐8万床，另外还有寒衣捐400万元。华侨捐献的大批服装衣物，缓解了祖国抗战物资短缺困难，温暖了抗日官兵的身心，鼓舞了抗日将士们的杀敌士气。

捐献车辆

抗日战争期间，从抗战前线的坦克车、铁甲车到后方的运输卡车、运送伤员的救护车等，无不由华侨所捐献。据中国人民抗日战争纪念馆记载，抗战期间美洲华侨捐救护车200辆，马来亚、缅甸华侨分别捐卡车200辆和100辆，越南华侨捐铁甲车多辆。另据不完全统计，到 1940 年 10 月，华侨捐献的坦克车有 27 辆，救护车 1000 多辆，运输卡车和其他各种车数百辆。

▲南洋华侨捐献的部分救护车

1939 年春，我国西南国际交通大动脉滇缅公路通车，因该路质量差、桥梁多，仅能通行 2 吨货车，当时国内缺少这种运输车辆，只能雇用商车代运。陈嘉庚领导的南侨总会得知后，广泛发动华侨捐献车辆，仅马来亚一地就迅速捐购优等 2 吨型卡车 100 辆。

1940 年 2 月，缅甸华侨在仰光举行捐献百辆救护车活动，其中 15 所侨校师生捐款 14 万多盾，购车 10 辆。第二年，全缅各界华侨又开展捐献卡车活动，高聪敏一人就捐献两辆卡车。

1940 年，纽约华侨一次捐献救护车 100 辆。加拿大温哥华华侨曾发起坦克车救国大运动。

华侨捐献的坦克车是祖国前线杀敌的重要装备。捐献的许多卡车帮助祖国解决了战时运输车辆短缺的困难，有力地支援了祖国的抗战事业。他们以实际行动表达了对祖国和民族的赤诚情怀。

▲美国华侨捐献的血库救护车

捐献飞机

抗战时期，我国空军的飞机从数量上、质量上远不及日军，因而战争的制空权一直操纵在日军手中。敌机到处肆虐逞凶，对前方我军阵地和后方无辜居民疯狂滥炸。海外华侨不但培训、派出自己培养的优秀飞行员回国参战，还广泛地开展捐款献机活动。

1932 年淞沪抗战爆发，菲律宾华侨热烈地发动献机支援十九路军抗日活动。11 月7 日，淞沪会战知名将领翁照垣来到马尼拉，在华侨举行的欢迎大会上，他呼吁捐款献机，得到广泛响应。随后成立以侨领李清泉为首的中国航空建设协会马尼拉分会。一个多月后，参加者达 4000 多人，在全菲各地建立分支机构达 35 处。该组织成立后，即组织发动捐款献机。李清泉首倡捐款菲币 2. 5 万比索，购战斗侦察机一架。当时正在菲律宾的印尼侨商黄奕住也慨捐 5 万元。到 1933 年，全菲华侨捐款约达国币 300 万元，购机 30 架，送给十九路军。

卢沟桥事变爆发后，菲律宾华侨捐款献机更加踊跃。马尼拉铁商会、木商会、杂货商会、屠商会及 13 个省的华侨都开展了捐款献机活动。庄东里个人独捐飞机一架，侨校学生捐

“学生”号一架，华侨妇女捐“妇女”号一架，小杂货店员献机一架，华侨屠宰夫献机一架。到1940年底，菲律宾华侨共捐献飞机50架，他们争先恐后的献机活动，得到中国政府的嘉奖。

1938年“双十节”，缅甸华侨开展纪念国庆募捐献机运动，募得国币40万元，购买“缅甸华侨”号战斗机四架献给祖国。1939年6月，“缅甸华侨号”战斗机在重庆与日机空战获胜立功，缅甸华侨闻讯十分兴奋，“双十”日再度献机10架。其中全缅214所华侨学校师生，捐出积攒的零用钱合缅币49191盾，购买“缅甸华侨学生第一号”和“缅甸华侨学生第二号”飞机两架。抗战期间，缅甸华侨共捐款献机19架。1941年9月，中国军政首脑向缅甸华侨团体代表颁发金质奖章，以表彰他们的献机活动。

九一八事变后，印度尼西亚华侨曾捐款13万元用于加强祖国防空。1934年夏，以美国归侨林福元为首的南京首都航空工厂，用这笔钱制造飞机一架，命名为“爪哇”号。

卢沟桥事变爆发后，沙捞越诗巫华侨先后八次汇款，共达叻币6万多元，购买“诗巫”号飞机一架捐助祖国抗战。七七抗战六周年纪念日，地处南太平洋斐济群岛的2000多名华侨，为祖国捐机三架。

大洋洲的新西兰华侨战时捐国币4.2万元助粤购机。

从1931年到1945年，美国华侨为祖国抗战捐助的训练机（包括在美为祖国培养飞行员所用）和作战机至少在35架，其中有至少24架用于作战。1939年5月，檀香山华侨捐给祖国6万美元，指定认购“檀香山华侨”号飞机一架。1944年，美国加州20个侨团募集战时公债100万元，购买陆军运输机八架，命名为“北加州华侨精神”号。抗战胜利前夕，美国俄勒冈州波特兰华侨捐购训练机三架，命名为“民族”号、“民权”号、“民生”号，运回中国。

▲加拿大侨胞捐款购置的两架飞机

抗战时期华侨共捐多少架飞机没有确切统计，仅从 1937 年到 1942 年，华侨共捐机 217 架，约占国内外同胞捐机 1270 架的百分之十七，达到战时我国从国外进口飞机 2300 多架的十分之一。无疑，华侨捐献的飞机，是我国战时空军力量的重要补充。

其他捐献

1940 年秋，旅居印度的海员和侨胞前后共有 13 人，为国内前线伤病将士献血 1750CC。其后又建立中国血库，供中国滇缅远征军伤员之用。1943 年 6 月，美国纽约建立华人血库，当时参加献血的男女侨胞和留学生共 14 人。

为救济忍饥挨饿的国内同胞，1938 年初，泰国华侨秘密发动捐米活动，一星期内捐得大米 10 万包，用船运回国内。菲律宾华侨为祖国赈济大米 250 万包、粜米 5000 包。

1937 年 8 月，美国檀香山华侨妇女筹备成立献金会时，黄冠寰女士（会长）带头为祖国捐出结婚钻石戒指一套、金锭一个，以为首倡。其他华侨妇女风从。非洲毛里求斯华侨陈琼珍女士在抗战时期率先捐献首饰，廖梅朋、范恩源二夫人紧随其后，于是捐献首饰活动在当地华侨妇女中轰轰烈烈地开展起来。共收到200多件金银首饰折兑成现款捐给国内。其中陈汝邦夫人捐献的一对金手镯、黎东生夫人捐献的金钻戒都很珍贵。智利华侨亦纷纷捐献戒指、瓷器、字画等。华侨妇女把结婚戒指、首饰等心爱之物捐给祖国，支持民族抗战，充分表现了她们对祖国的赤胆忠心。

据国民党政府侨务部门负责人陈树人统计，从1937年下半年到1940年初，华侨为祖国抗战捐献的各种物资总数达3000批以上，平均每月100批左右。这不是一般意义上的枯燥数字，而是华侨用血汗铸就的沉甸甸的心意，它正是华侨爱国的生动写照，更是华侨用血汗凝聚成的活生生的爱国物证。

◎ 催人泪下的捐款事迹

对于一个国家来说，拥有金钱的数量，是衡量这个国家经济发达程度的标准；对于一个家庭来说，拥有金钱的数量，是衡量其富裕程度的标准。金钱又是一架反映人生价值观的透视机：能够透视出某些吝啬、自私、丑陋、肮脏的病态心灵，更能透射出人们慷慨无私、勇于奉献的健康美好心灵。

抗战时期全世界约有800万华侨，其中约有400多万人为祖国捐款，约占当时全世界华侨总数的一半。没有捐款的华侨，则开展了其他各种形式的抗日救国活动。如此众多的华侨捐款，无法一一介绍；如此踊跃热烈的捐款情形，难以用笔墨形容。下面仅列举一些典型的捐款事例，管中窥豹吧。

1995年抗日战争胜利50周年时，我国深圳的一位学者到新加坡、马来西亚访问，在88岁的老妇人钟彩合家，见到一只发黄的布袋子，仔细一看，袋子上写有几行字和一首诗："侨居山打根埠，爱国郑潮炯君模范华侨。义卖瓜子，远走天涯，为国效劳。"并附诗曰：

感郑君义举可风

郑君爱国实堂皇，义卖瓜子千百场。
远走天涯不怕苦，长奔海角无嫌忙。
筹来一粟与仁浆，竭尽心灵并肚肠。
愿我同胞须尽力，完成抗战永传扬。

沙涝越峇南丹山合里旺全华侨敬赠
二十九年（1940年）十一月

钟彩合老人对来访者激动地回忆起她和丈夫郑潮炯当年支持祖国抗战的故事——

郑潮炯是广东新会人，早年漂洋过海来到马来亚北婆罗洲山打根做小贩。抗战爆发后，他对日本侵华非常气愤，积极参加抗日救国活动。他没有文化，不懂什么是真理，但他明白什么叫道理，什么叫正义和非正义；他没有什么能耐，只能做些力所能及的事情——背着布袋子，在当地沿街义卖瓜子，将所卖的钱捐给国内伤兵和难民。他先后共捐过七次，共计婆币（婆罗洲货币）350多元。1938年，日军打进广东，钟彩合带着四个孩子到南洋投奔丈夫。不久，日军占领新会，当日军进村"扫荡"时，郑潮炯的老父亲以为自己年纪大了，日本兵也是有父母的，大概不会对一个老人怎样，就没有躲避起来。哪知鬼子进村后，逼着老人说出年轻人都藏到什么地方去了，老人不肯说，最后被日本兵用刺刀一刀一刀地刺死了（另有说法是被日军飞机炸死）。郑潮炯夫妇得知父亲被日本兵惨杀的噩耗，心裂肠断，悲痛万分，更加激发了他们的救国激情。从此，潮炯长年背着袋子远走他乡，穿州过市，义卖瓜子救国。几年中他卖瓜子劝捐得款18万多元，全部捐给了祖国。

郑潮炯长年累月地在外面奔波义卖筹款，怀有身孕的钟彩合很理解丈夫的所作所为，艰难地操持家务，带着几个幼小的孩子。有一次郑潮炯从外面回家，以一种难以言状的表情对妻子说，现在国内抗战很激烈，军队打仗需要钱，逃难的同胞需要救济，可是目前筹款越来越难。说着说着，郑潮炯眼里充满了泪水："事先我没有和你商量，我已经把你肚里怀的孩子卖掉了，得款80元（当地婆币），已全部捐给筹赈会了。将来孩子生下来，不管是男是女，都得给人家……"郑潮炯再也说不下去了。

妻子一听到这个消息，心如刀剜，顿感天旋地转。儿女是父母的心头肉啊，救国固然重要，但怎么说也不能把孩子卖掉呀！她想发怒，她想撕咬狠心的丈夫……但她随即又冷静下来。她想，丈夫也是个有血有肉有感情的人啊，平时他又是最疼爱孩子的人，他做出这个决定，也一定是很痛苦的……她又转而支持丈夫的决定，为不使丈夫难过，她表示：男子汉大丈夫，牙齿当金使（即说话算数的意思）。没有国，哪有家？就这样，郑潮炯、钟彩合夫妇便把未出世的孩子卖掉救国。难怪当时有人说，郑潮炯夫妇爱国爱得疯狂了。

郑潮炯夫妇"卖子救国"的义举，轰动了整个南洋，也轰动了国内。国民党政府得到当地领事的报告后，特给予褒奖。笔者在南京中国第二历史档案馆曾有幸查到一份当年留下的褒奖郑潮炯的档案。

抗战胜利了，人们欢天喜地庆祝胜利，郑潮炯夫妇高兴之余，在心里时刻呼唤着在娘胎里就为抗日救国献身的孩子，盼望知道孩子的消息，并想见到他，还要对他说，孩子，不要怨爹妈狠心，只恨日本鬼子凶残……终于，郑潮炯夫妇，在新中国人民政府的帮助下，于 1965 年在广东肇庆乡下找到了分离 25 年的儿子——赵超屿（随养父取名）。悲欢离合，其情其景可想而知了。赵超屿养父母已经双亡，他也结婚育子。后经政府同意，赵超屿一家迁回新会市郑家定居。

平凡和伟大并无不可逾越的鸿沟。伟大也不分大人物和小人物，也不分穷富贵贱和职业好坏。郑潮炯夫妇这样一对平凡的小人物，却做出了这样天地为之动容的爱国举动，谁能说他们不伟大呢？

印度尼西亚坤甸华侨马细旦，因腿残疾以手代步，生活艰难，其状可怜。得知日本大举侵华，国内同胞和大好河山惨遭蹂躏涂炭的消息后，民族感和爱国的热血涌上心头，他常常爬至闹市区，向路人乞讨，然后将讨得的钱交给当地华侨慈善会。面对这样残废、肮脏、频频叩头的“叫花子”，路人的心态是不一样的：有的人送来白眼，嘴里骂骂咧咧地走开了；有的人用细嫩白净的手捂着鼻子赶紧躲开了；不少人出于怜悯同情之心施舍一点……但当人们知道马细旦把讨来的钱全部捐给祖国抗战，无不从心里敬佩他。

抗战爆发后，印度尼西亚雅加达华侨刘长英，毅然把儿子刘盛芳送回祖国杀敌。1939 年冬，刘盛芳在陕西南郑空战中壮烈牺牲，国民党政府航空委员会发给刘长英抚恤金 1 万元并附一封慰问信。老人拿到抚恤金和信，给政府写信说：“承政府赐恤金 1 万元，值此抗战时间，国家经济上正待张罗之际，实不敢领受，拟请将盛芳恤金，全部捐赠祖国，为抗战军费。”子是抗日英烈，父是救国义士。

一名叫叶秋莲的中年侨妇在缅甸仰光的一座寺院里，削发为尼。她不是为所谓的信仰，也不是为了躲避情缘，而是在变卖全部家产后，将所得3万元全部捐给祖国，因生活无着而遁入空门的。落发前她还留下这样一句掷地有声的话："只要祖国战胜，我自己饿死是不妨的。"不用说，在端坐的释迦牟尼面前，她是安然无愧的！

七七事变发生后，缅甸美拖埠华侨缩食会积极发动华侨捐款。有一次缩食会会员吴景福、洪湛等华侨街市沿门劝捐时，一头发花白的华侨老奶奶，步履蹒跚地走近吴景福身边，从怀中掏出一把零钱，没有说什么话，攥着钱的手微微抖动着把钱递到吴景福的面前，并用无光的眼神盯着吴景福。吴景福未解其意，以为老奶奶要换整钱呢，便问老人家要换整钱吗？老人摇摇头，继以手指吴景福手中的献金册，吴景福恍然大悟：老奶奶是想捐款。老人叫刘瑞芝，为本埠源发店一煮饭佣妇，月薪仅6元钱。她这一次捐20多元，相当于三个多月的薪水。其举动使在场的人无不肃然起敬。

华侨为祖国抗战捐款的动人事迹还有许多。南洋华侨林壬寅把自己的产业变卖，并放弃生意回国服务。美国华侨农牧场主颜广礼，战前每日吸雪茄烟十数支，抗战爆发后始戒烟捐款，八年如一日，将节省的一笔吸烟款捐给祖国抗战。同时他自备汽车，风雨无阻，夜以继日地奔波各地募捐。南洋广东籍华侨陈乃果回家乡目睹日机狂轰滥炸的惨相，返回侨居地后，发动家人捐款助防空。其父母捐国币1000元，他与妻子捐500元，子女四人共捐500元，合家捐款2000元，汇交广东驻军首领，作为防空之用。

男女青年结婚是人生中的大喜事，按中外传统习惯一般都要操办一番，亲友宾朋来送礼庆贺，免不了要请客招待。抗战期间南洋各地许多华侨青年表现出高尚的爱国情操，纷纷节省自己的婚礼费捐给祖国。如印度尼西亚巴达维亚有6对华侨新婚青年为祖国抗战捐献婚礼费，共捐3万多元。

▲华侨萧丕居女儿结婚不忘救国

菲律宾宿务华侨吴清河、薛素丽以国难为重，不搞铺张，节省婚礼费3000元，由渣打银行汇寄中国政府，作为抗战军费，并附函一封，其中说："日寇披猖，举国同愤，捐资抗战，义不容辞，我俩谨将自备结婚费用国币3000元……汇上，以作抗战军需，聊尽国民天职。"中国政府对他们的爱国义举复函嘉奖。

泰国华侨曾福顺将其女儿结婚费用共5000元捐给祖国；美国纽英伦华侨余耀墀将儿子结婚节省的费用111美元（约合国币2000元）捐献给祖国抗日。

印度尼西亚泗水华侨赵天助为响应国内伤兵之友运动，节省其婶母逝世后的丧费2000元国币，捐给祖国慰劳伤病。马来亚霹雳怡保华侨李瑞荣的母亲去世，他将节省的丧费叻币

500 元捐给祖国。菲律宾马尼拉粤侨何纪常夫人去世，他把丧仪费及亲友送给的祭奠费国币 5219. 44 元，全部汇寄广东省政府转给儿童教养院，用来救济贫苦难童。

……

广大华侨中闪烁着爱国主义光辉的真实动人的事例，不胜枚举。他们以烈火般的炽情，毫不吝惜地掏出自己用血汗挣来的微薄收入，无私地捐给了祖国。一双双托着钱币的手——有粗大如竹节的手，有细白娇嫩的手，有长着厚厚老茧的已经伸不直的手，有胖乎乎的未经风霜的小手……所有的手，在往钱箱里投钱的一刹那，都是那样的坚定！

华侨的捐款，从九一八事变一直持续到抗战胜利，长达 14 年。除南极洲外，其余各大洲都有华侨捐款，捐款总额合计国币 13 亿多元。捐款阶层极其广泛，上迄两鬓斑白的老人，下至刚刚懂事的孩童，侨领富商、工商侨众、妇女、文化界人士及大中小学生，甚至教徒、乞丐、囚犯等都参加了捐款。捐款的方式多达几十种，凡此种种，在华侨爱国史上是前所未有的。

13 亿元，这一用血泪和汗水浇铸的沉甸甸的巨大数字，是海外赤子无私报国的巨大奉献，是战时祖国财政的重要补充，是华侨向祖国捧出的一颗颗赤诚之心！

抗日战争期间，为解决庞大的战争开支，国民党政府发行六期救国公债（即国家向公民或外国借债），总额达国币 30 亿元，并许诺抗战胜利后本利还清。政府每次发行公债，华侨无不踊跃认购。截止到 1942 年，华侨购债总额达国币 11 亿元之巨，占政府发行公债总数的三分之一强，而华侨人口仅相当于国内总人口的五十六分之一。然而，抗战胜利后不到一年，国民党即发动全面内战，没有兑现还债诺言。抗战期间华侨认购的巨额公债，实际上也相当于捐款。

▲美国华侨保存的救国公债

◎ 赚钱不忘救国

投资，是为了赚取比成本高得多的利润。尤其是资本主义国家大资本家的投资，就是为了赚取高额利润。抗战时期华侨商人掀起了向国内投资的热潮，其中出现了一批在中外投资史上少见的不计利润、为抗战服务的侨资企业。

在国难时期，如果丧失民族气节，利欲熏心，趁机发国难财，是有很多机会的。如果一个商人不顾国格人格，随时都有发不义之财的良机；如果一个商人保持民族气节，不但发不了财，且随时有掉脑袋的危险。日本华侨商人杨高臣老人就面临着这样一种考验，他是怎么对待的呢？

杨高臣早年是一位旅居日本的侨商，归国后在广州创办震东针织厂，由于经营得法，发展很快，执广州同行业之牛耳。1938 年 10 月广州沦陷，经日军涂炭洗劫，物资奇缺，有纱在手便为“天之骄子”。当时汪精卫汉奸卖国政府的纺织部统配棉纱以调剂市场，通过广州同业公会不定期地把少量棉纱配给会员厂号。因配售量小而导致黑市纱价奇高，加之同业公会里的当权者多留少配、投机买卖大发横财，致使许多中小针织厂因无纱而停工倒闭。杨高臣的震东针织厂货真价实，厂大名高，加之他本人通晓日语，驻广州日军便拉拢利用他，允诺让他做同业公会负责人，多配给他棉纱等特殊优惠待遇，条件是让他继续开工，维持皇军“升平”的局面。显然，答应日军的条件，即可以大发横财；否则就会倾家荡产，甚至性命难保。面对日军的威逼利诱，软硬兼施，杨高臣坚持民族气节，不向侵略者屈膝，毅然选择了后者——拒不开工生产，最后被迫偷渡香港。杨高臣对祖国忠肝义胆，保持了民族气节。

抗战爆发后，国内原有的侨办企业和战时从国外迁回的侨资企业，积极转入为战时服务的轨道上来。如国内侨办国民制炼漆油有限公司，加紧生产国防飞机涂料和军需漆油。该公司生产的漆油质地良好，被军政部兵工署批准通令各厂采用。1938 年，国民党政府航空委员会向该公司采购一批飞机涂料，总值港币 16.5 万元，该公司不计较工值与成本费，只折收不到 2.5 万元港币，以示报效祖国。太平洋战争爆发前夕，泰国华侨和港商合办之大华胶鞋厂迁至昆明，生产大批军鞋，以低价批发给各抗日部队。

橡胶，是制造汽车轮胎的必需原料。中国不产橡胶，所用的一切橡胶制品，均需从外国进口。这对于处在大规模战争状态下的祖国，无疑增加了相当多的困难。南洋华侨各侨居地是橡胶之乡，有不少侨商就是橡胶商。于是他们便利用掌握的橡胶技术，为祖国抗战出力献技。

1940 年 7 月，马来亚闽侨王振相及橡胶商王金兴投资 70 万元，与国内茶叶公司 30 万元合资在重庆创办胶轮复制厂，定名为中南有限公司（又称中南橡胶厂或中南橡胶股份有限公司），在昆明、贵阳及各交通要道设分厂，并在南洋聘请技术人员 12 人。经反复试验，翻新轮胎花纹、颜色、厚度与新轮胎无异，费用仅抵新购轮胎的六分之一，使用效果可达新轮胎的百分之八十。如旧轮胎镶布未折坏，可翻新三四次。该厂建立不久即翻新旧轮胎 1 万多个，为祖国节省外汇 2000 万元。由于国内技术落后，在中南有限公司建立前，大量旧轮胎报废不能利用，该公司及各分厂的建立，为西南紧张的战时交通解决了急难，为国家节省大量外汇，又从国外带回了先进技术，一举多得。

不难想象，大规模的残酷的战争，使中国的伤兵难民遍地，嗷嗷待救。国内缺医少药，海外华侨看在眼里，急在心里。为了解决这一难题，著名侨领陈嘉庚、侯西反等人便决定在新加坡筹建大规模制药厂，长期供应祖国抗战前后方伤兵难民用药。建厂时，侨商陈贵贱无偿地捐献发动机三台。不久，太平洋战争爆发，华侨准备将机器设备移入重庆建厂未果，于是把资本 50 万元移入国内，与国内中国制药提炼股份有限公司 50 万元合股，建立重庆制药厂，制造药品多达 91 种，为战时我国最大的新型制药厂。重庆制药厂的建立，急救了大量伤兵难民，部分地解决了国内战时医药紧缺的困难。该厂的创建投产及在国内重建，旨在为祖国抗战服务，不重利润多寡，是典型的爱国投资。

这是延安的一所不起眼的纺织厂，厂房外观是陈旧的窑洞，厂房内更是古今中外工厂中少有的一种奇观——在人们的吆喝声中，两头毛驴慢步地拉着机器发电，几名光着膀子的健壮工人用臂膀推动着轮轴，他们个个汗水淋漓；几架机器吱吱嗡嗡地发出叫声。这就是 1942 年菲律宾华侨工人集资 100 万元，在延安创办的华侨毛织厂。该厂有织布机五架，织毯机六架，合股机六架。每天生产毛毯 15 条，洋白布一匹。该厂的创办主要是为了繁荣边区的商业，不是为赚取利润。工厂采取计件工资制，以劳动产品为工资报酬。在当时的情况下，工厂条件艰苦，设备简陋，技术落后。过去华侨投资无人问津的大西北，抗战时期竟出现了华侨的投资。

与商业、房地产和工矿业等投资比较，垦殖业投资花费劳动力大，获利较少，以往华侨对此投资不多。但抗战时期，在祖国大西南的荒山野岭出现了华侨垦殖开荒的热潮，主要是为帮助国内军民解决吃饭抗战的大问题。

七七事变爆发后，泰国、越南等地华侨曾组织回国垦殖团到滇边垦荒。马来亚森美兰华侨邱克静，于 1940 年 4 月回国风尘仆仆地到各地考察，后择定云南省建水县附近为垦殖区，定名华新垦殖公司，资本 100 万元。1940 年秋，美洲侨商集资 600 万元，檀香山及南洋粤侨集资 700 万元，在广东开办各种加工厂，如造纸示范厂、竹木工场、抽纱厂、小型糖厂、肥皂厂等，生产制造居民生活日用品，缓解因战争造成日常生活必需品的短缺，帮助国家解决困难。

抗战时期华侨投资主要有工矿业投资、垦殖业投资和金融业投资等。其投资情况大致分为两个时期：从七七事变到太平洋战争爆发，华侨总投资额达 16 亿元，为华侨投资的高潮；从太平洋战争爆发到抗战胜利，华侨的投资为 2 亿—3 亿元，是战时华侨投资的低潮。整个抗战期间华侨共投资 18 亿—19 亿元。抗战时期华侨投资企业数量众多。据统计，仅闽、粤、沪二省一市的华侨企业达 1271 个。如此数量众多的侨资企业毋需也无法一一介绍，上面介绍几例，是战时华侨爱国投资的几个典型。

支援抗日根据地

◎ 奔赴抗日根据地

中国共产党领导的各抗日根据地，犹如强有力的磁石，有着巨大的吸引力和凝聚力，吸引着海外华侨青年。他们走过万水千山，冲破国民党的限制封锁，闯过阴森恐怖的敌占区，来到中国共产党领导的各抗日根据地。抗战时期，学习、工作和战斗在各抗日根据地，参加八路军、新四军和华南抗日游击队的归侨青年共约 2000 人。他们是海外广大华侨与中国共产党联系的桥梁和纽带。

1939 年 5 月，延安各界青年召开纪念五四运动 20 周年大会，毛泽东在会上作了《青年运动的方向》的演讲，他说，全国各地，远至海外的华侨中间，大批的革命青年都来到延安求学，他们是抗日救国的先锋……全国青年运动的模范。毛泽东把来到延安的归侨青年同国内青年一样视作“先锋”“模范”，这是对他们的崇高评价。

南洋各侨居地与延安有万里之遥。那里绿水环抱，碧波连天；这里尘土飞扬，黄坡土窑。两地气候、生活条件、风俗习惯，相去甚远。但在抗战时期，生活工作在相对优越条件下的南洋中华儿女，毅然回到延安同抗日根据地的军民水乳交融地生活在一起。迢迢征途万里，重重障碍阻隔，滚滚烽烟弥漫，这些都难改变他们投奔抗日根据地的决心。

1938 年 8 月，以马来亚柔佛华侨工人彭士馨为领队，由 15 名华侨组成的马来亚士乃司机服务团，用募集到的 4 万多元购买两辆救护车及绷带、药品等救急物品，随车运载回国，途经香港、广州、长沙，到达武汉，留下两名华侨，将一辆救护车交给武汉八路军办事处转给新四军。其余 13 名团员继续北上，经襄阳、西安于 11 月 1 日到达延安，受到边区军民的热烈欢迎。士乃司机服务团的华侨行程 1. 4 万余里，历时三个月才抵达他们向往的圣地。马来亚华侨青年陈明回国探亲时，受到中国共产党抗日救亡主张的感召，于 1938 年春返回侨居地，联络进步同学，告别双亲和女友，一起回国到延安进入抗日军政大学。同年 8 月，菲律宾华侨青年白刃、林有声等五人从厦门集美中学来到西安，步行八九天到达延安，进入抗大第五队学习。

1939 年，泰国华侨欧阳惠等 12 名青年，冲破国民党的阻挠、破坏，千辛万苦，历时一年，行程万余里，来到延安。1940 年，泰国华侨青年吴田夫和青年教师蔡兴回国，经成都、重庆、宝鸡赴延安。他们一路昼夜兼行。为避免国民党军警宪的盘查阻挠，他们只好天不亮就赶路，绕道城郊走。有时夜晚住在郊外骡马店的马棚里，耳闻骡马嚼草声，鼻嗅马屎尿臊味，他们吃了许多苦头才到达延安。

尤其值得称赞的是有许多华侨女青年，被称为“南洋小姐”，也和男同胞一样漂洋过海、翻山越岭来到延安。仅延安女子大学就有 20 多名南洋华侨女学生，她们分别来自新马、印尼、泰国、缅甸、越南等，如廖冰、冯志坚、温坚、李树坚、王建华、刘思、康敏、陈洁新、李英岚、余洁、潘懿梅等。她们在来延安的路上更是吃尽了生来未尝过的苦头。跋涉在八百里秦川黄土高原上，对于她们来说是多么艰难——道路凸凹不平，有的脚起了泡，只好骑着西北的小毛驴赶路；干旱的天气，晒黑了皮肤；西北的风沙遮天蔽日，走路睁不开眼睛……在南洋她们是肌肤白皙细腻的漂亮娇小姐，一路奔波使她们个个成了又黑又脏的灰姑娘，但她们以百折不挠的毅力和决心来到了延安。

1937 年 10 月至 1939 年底，中国共产党在西安西北安吴堡创办青训班，招收国内外大批青年学习，两年多共办 124 期，培训抗战骨干 1.4 万多名，其中有华侨不下 400 人。华侨青年在这里训练结束后再北上延安。据调查，抗战期间来延安学习工作和战斗的归侨青年约 600 人。其中有些相继随军到前线，有的奉命到海外搞侨运工作，较长时间在延安的有 300 人左右。他们大多被送入抗大、陕公、鲁艺、女大、中央党校、马列学院、政治学院和青干校等学校学习。

对于归侨青年来说，长途跋涉来到延安只是闯过第一关，以后的考验更多，艰苦的路程更长。延安的学校都是在战争的炮火声中创办的，办学条件十分艰苦。多数学校都是在“露天教室”里上课——碧蓝色的天空是教室的天花板，空旷的原野是教室的围墙，土墩子和石头当座椅，学员自己的膝盖当课桌。夏天上课，炎炎烈日晒在学员们的身上，个个汗流浃背，又没有条件洗澡冲凉；冬天学习，扫过雪地后坐下听课，有时小雪纷飞，有时寒风呼啸，学员手脚常常冻得麻木，虽然穿着发给的棉衣，但仍冻得浑身打战。学习用纸短缺，一张纸得写几次，先用铅笔、钢笔写，后用毛笔写，也有将桦树皮当纸用的。这也许是世界上独一无二的学校，但它又是革命熔炉，锻炼和造就了大批革命干部。

延安的主食为小米饭。小米锅巴被称为“列宁面包”，小米饭汤叫作“革命牛奶”。冬天吃不到青菜，多为白水煮土豆，烧南瓜汤，素炒萝卜丝等；夏天虽可以吃些油荤味较少的新鲜蔬菜，但鱼、肉很少。三个月不知肉味乃是常事。

归侨在延安住的是一窗一炕的旧窑洞，空气不流通。几个人一组，住宿一个洞炕，像罐头里的沙丁鱼一样一个挨一个地睡觉，谁翻个身，其他人都跟着起“连锁反应”。晚上几个人共用一盏小油灯，学习、开会或讨论……

如此艰难困苦的生活条件和环境，对于久经战火考验的中国共产党人来说算不了什么，但对于大批刚到根据地的爱国青年，特别是南洋归侨青年来说的确是个严峻的考验。但来延安的大多数归侨青年没有叫苦，没有哭鼻子，更没有当逃兵，而是经受住了这些考验。

回到延安的归侨，还成立了自己的组织。1940 年 9 月 5 日，延安归侨推选出 170 多名代表，在延安杨家岭大礼堂召开“延安华侨救国联合会”（简称延安侨联）成立大会。会场挂着“加强侨胞团结，争取抗战胜利”的大幅标语。中共领导人张闻天、吴玉章等人与会并分别讲话。延安侨联的成立，是抗战时期中共与华侨交往的一件大事。它是边区与海外华侨的联络点，使边区归侨的抗日救亡活动走上了有组织的轨道。继之，延安各机关、团体的归侨纷纷成立侨联分会，先后组建了延安华侨俱乐部、桃林俱乐部、边区侨联分会、桥儿沟侨联分会和鲁艺分会等。各地归侨以基层组织为单位开展活动。延安侨联针对华侨的情况，开展了各种社会活动。延安女子大学的归侨女学生，除学习文化理论外，还养猪、开荒种庄稼，解决生活问题。每到周末，她们分头到农村演说，发动农民团结起来抗日。边区的归侨深入到群众中去，同根据地军民打成一片，了解根据地人民英勇抗敌的事迹，既鼓舞和激励了边区军民，同时也培养了自己艰苦奋斗、吃苦耐劳的革命精神。

延安的归侨在各自岗位上，为祖国抗战和边区建设作出了贡献。其中在新华社从事新闻宣传工作的有美国归侨余光生，印尼归侨陈龙，菲律宾归侨王唯真，新马归侨沈剑图、沈光、曾艾狄等 20 多人，他们是中国共产党培养出来的拿笔杆子的战士。从事外事翻译工作的有新马归侨何英、曾远辉，印度尼西亚的谢生，菲律宾的卜一（庄焰）等。从事人事组织工作的有新马的陈明、廖冰，印度尼西亚的丁拓等。从事文教工作的有新马的李介夫、陈经镇、温坚，泰国的李树坚、蔡兴，越南的莫扬等。从事财经金融工作的有泰国的庄国英、庄仲仁、朱维松，印度尼西亚的余震，越南的关儿波，菲律宾的王汉民等多人。从事机要印刷工作的归侨有吴风、杨光伟等。从事电讯工作的有黄桂荣、李达先等。从事医务工作的有著名的中医医生梁金生，牙科医生李德奇。还有从事保育工作的法国归侨刘志，从事奶牛饲养工作的西班牙归侨……

延安归侨来自亚、美、欧几大洲，为了一个共同的目标聚集到一起。他们中的许多人在延安加入了中国共产党，受到党中央和各级党组织的表彰和信任；有的成为先进模范人物，有的担任各级领导。如毛泽东的司机是马来亚归侨梁国栋，抗战后随军上前线；泰国归侨罗道让被评上模范管理员，朱德称他是好管家，新中国成立后担任中南海保卫局副局长；自刃成为剧作家；张国坚（印度尼西亚归侨）任陕北公学分校政治部主任；黄登保（菲律宾归侨）先后在陕公、抗大学习，并加入中国共产党，后被分配到新建的八路军某部炮兵团，由战士升任“驭手班”班长、炮兵排长，被选为模范党员，参加了著名的百团大战。1944 年秋参加组建炮兵学校，后参加三大战役。新中国成立后，参加抗美援朝，后出任中国人民解放军炮兵副参谋长、炮兵副司令员等职，成为我军的一名高级将领。

陕甘宁边区是革命的大熔炉，炼造出一批批归侨优秀人才。他们在中国共产党的关怀教育和培养下，百炼成钢，成为抗战的骨干和新中国的栋梁。

抗战期间，战斗在大江南北的新四军中也活跃着不少归侨青年。

1937 年 10 月，菲律宾华侨沈尔七、戴血民、郑显玉、佘志坚等 28 人组成的菲律宾华侨归国抗日义勇队，于次年 1 月回国，辗转参加新四军二支队。二支队将义勇队更名为菲律宾华侨回国随军服务团，任命沈尔七为团长。随后，二支队把陆续从新马、泰国、缅甸等国回来的华侨青年及从闽粤等地前来参军的青年共百余人，与随军服务团合编成二支队政治部宣传队，随军开赴江南前线。他们沿途贴标语、发传单，宣传抗日救国，受到群众的欢迎。经过月余的行军跋涉，二支队抵达岩寺，随军团服务留在军部。继之，他们被编入军部教导营，组成一个排，沈尔七任排长。后与南洋各地来参加新四军的华侨合编为第 4 连，开赴抗日前线。

菲律宾华侨归国抗日义勇队，是抗战爆发以来归国较早的华侨抗日团体之一，是海外华侨归国支援中共领导的华中抗日根据地的第一支华侨队伍。1938 年初，新四军刚刚组建，菲律宾华侨就认定了这支抗日队伍，表现了对中共领导的新四军的充分信任。

1938 年冬，沈尔七和许振文奉命返回菲律宾，向华侨宣传新四军的抗日事迹，动员侨胞支援祖国抗战。菲律宾劳联会发起成立菲律宾华侨慰问团，由王西雄任团长，沈尔七为政治指导。全团 23 人，以学生、工人和店员为主，其中有两名女队员。1939 年 5 月，慰问团离菲回国，抵达皖南云岭新四军军部。军部为他们召开了隆重的欢迎大会。会上王西雄代表菲律宾华侨致慰劳词，并把菲律宾华侨赠送的几十面锦旗献给新四军。项英代表军部对华侨慰劳团不畏艰险、漂洋过海前来慰问表示感谢。慰劳团演奏了抗战歌曲，把华侨捐献的财物、药品献给新四军，并在军部门前合影留念，然后由军部安排，慰劳团到下属各部队进行慰问活动。他们走大街、串小巷，打洋鼓、吹洋号，在各驻地进行两个月巡回慰劳宣传。他们走到哪里，都吸引了许多军民，收到良好的宣传效果。慰劳团慰劳结束返回军部后，全体人员皆报名参加新四军，被编入教导总队学习，半年后被分配到部队、机关或留教导总队工作。

▲菲律宾劳联会华侨慰问团赠给新四军部分锦旗

参加新四军的归侨不只是上述菲律宾两个华侨团体，还有泰国、新马等地的华侨青年。如从马来亚吉隆坡回到江汉平原参加新四军的梁灵光，曾任新四军旅长、军参谋长。新中国成立后，历任中共福建、广东省省委书记，广东省长等高级领导职务。早年回国参加红军的菲律宾归侨叶飞，抗战时期任新四军挺进纵队司令员、苏北指挥部第一纵队司令员兼政委、苏浙军区副司令员等重要职务，新中国成立后被授予中国人民解放军上将军衔，是归侨中最高级别的华侨将军。

我国主要侨乡广东海南，长年翠绿，椰树林立，风光秀美。但1938年秋，日寇的铁蹄踏进这里，致使山河破碎不堪，同胞处于水深火热之中。中国共产党领导的抗日游击武装——东江纵队和琼崖纵队，转战椰树蕉林之中，艰难地进行抗日斗争。

为抗击日本侵略者，许多华侨青年陆续回到家乡，秘密开展抗日护乡活动，并积极配合、支持和参加中国共产党领导的华南抗日武装，为创建和保卫华南抗日根据地而斗争。如前面介绍的东江华侨回乡服务团、琼崖华侨回乡服务团及会宁华侨回乡服务团等，都是抗日保家乡的归侨团体。后来，这些归侨团体迫于环境压力而解散，其中不少人参加了东江纵队和琼崖纵队。

东江纵队司令员曾生，是早年回国的澳大利亚归侨，新中国成立后被授予中国人民解放军少将军衔。据曾生回忆说，参加东江纵队的港澳同胞和海外侨胞有1000多人，不少人锻炼成为中下级指挥员。

转战在五指山等地的琼崖纵队，也有许多归侨健儿。1941年秋从马来亚槟榔屿回国参加琼崖纵队的陈青山，曾任第四支队政委、纵队政治部组织部长等职，新中国成立后晋升为中国人民解放军少将。

群星荟萃，将星闪烁。中共领导的抗日根据地，造就出一批叱咤风云、骁勇善战的华侨将领。

除奔赴各抗日根据地外，海外华侨还纷纷为各抗日根据地捐款献物。1938年10月，美洲和南洋等地华侨及港澳同胞共捐赠大卡车12辆、小轿车2辆，经越南、桂林转运到延安。据记载，1937年至1941年陕甘宁边区政府收到海外侨胞和国内爱国人士捐款如下（均为法币）：1937年（7—12月），36254元；1938年，1973870元；1939年，6042075元；1940

年，5505901 元；1941 年，8899340 元。另据统计，仅 1938 年 10 月至 1939 年 2 月的近半年时间里，边区政府收到海外华侨经香港捐款 50 万元，宋庆龄从菲律宾汇款 6000 元。任新四军二支队敌工干事的泰国归侨陈子谷，1939 年接到在泰国的祖父去世要他回去分遗产的家信，他本不想回去，叶挺得知后，动员他回去，借机为新四军募捐。陈子谷遵命回泰国，在侨胞中宣传抗战，募款 6 万元，连同自己分得的遗产 20 万元，分文未留，全部捐给新四军。这笔款项约相当于国民党政府拨给新四军两三个月的军饷。叶挺将军表扬陈子谷“是一个富贵于我如浮云的爱国赤子”。1939 年初，华侨寄给宋庆龄转交东江纵队的捐款一次达港币 20 万元。广大华侨捐款献物，对条件艰苦、财缺物乏的各抗日根据地犹如雪中送炭，充分体现了海外华侨对中国共产党领导的人民抗日武装的信任和爱戴。

◎ 领袖赤子情

一批批华侨青年漂洋过海、跋山涉水，来到中国共产党领导的各抗日根据地。中国共产党十分珍惜这些归侨青年的爱国热情，在政治上培养他们，生活上关心他们，工作上重用和信任他们，使根据地成为真正的归侨之家。

来到陕甘宁边区的归侨青年，备感边区的温暖，他们和党的领导人学习生活战斗在一起，时时受到亲切关怀，刻刻得到培养教育。当年到延安的许多归侨至今还难忘他们同毛泽东、朱德、周恩来等领导人的交往。

这是两份龙飞凤舞、刚劲浪漫的题词。熟悉书法者，一看便知这是毛泽东的笔迹。毛泽东这两份题词都是题于 1938 年初，一份是为马来亚华侨抗敌后援会代表团的题词：“全体华侨同志应该好好团结起来，援助祖国，战胜日寇。共产党是关心海外侨胞的，愿意与全体侨胞建立抗日统一战线。”

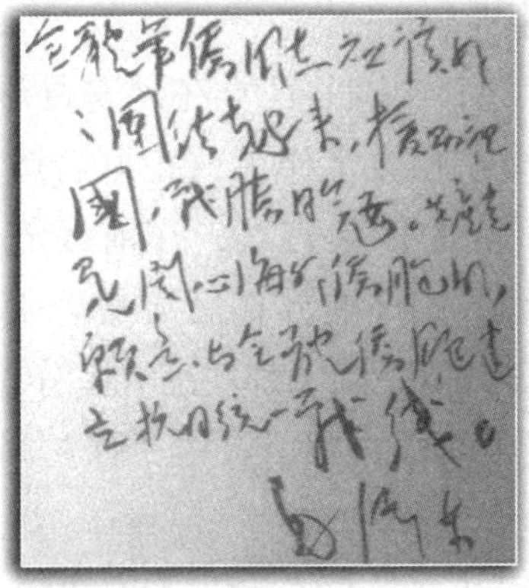

▲毛泽东为马来亚华侨题词

另一份是为华侨战地记者通讯团题词：“马来亚的侨胞用一切力量援助祖国为中华民族的独立解放而斗争。”

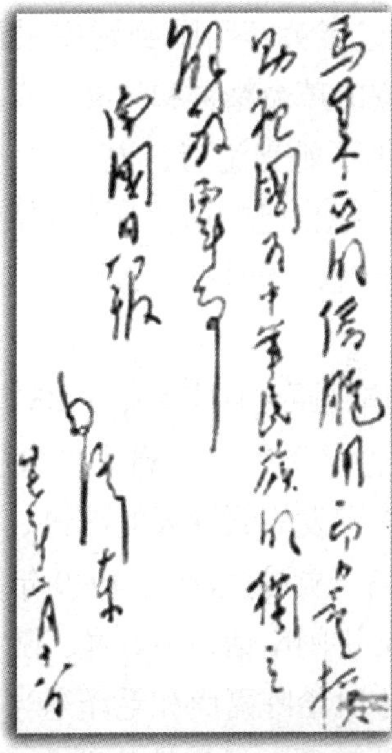

▲毛泽东为华侨战地记者通讯团题词

毛泽东的题词向华侨郑重宣布了中国共产党对华侨的关心态度，并进一步强调和华侨建立爱国统一战线，号召华侨全力支援祖国的抗战事业。

1945 年 4—5 月，中国共产党在延安召开了党的第七次全国代表大会。毛泽东在会上作了《论联合政府》的报告，其中指出："中国军队的广大官兵，在前线流血战斗，中国的工人、农民、知识界、产业界在后方努力工作，海外华侨输财助战，一切抗日政党，除了那些反人民分子外，都对战争有所尽力。"并代表中共中央郑重宣布"保护华侨利益，扶助回国华侨"。

毛泽东的题词及《论联合政府》的报告中，对于华侨问题并非长篇大论，但含义深刻，代表了中国共产党对华侨政策问题的主张。

对到延安的归侨，毛泽东给予亲切关怀。1938 年，新加坡《星洲日报》女记者黄薇回国到延安采访，受到毛泽东的接见。黄薇受到延安的革命精神和抗战气氛所吸引，提出要留在延安。毛泽东则仍要她当记者，说："当记者也是学习，你作为一个华侨记者，把自己的所见所闻向海外侨胞宣传报道，使他们了解祖国的情况，增强抗战必胜的信心，这个工作很有意义。"

菲律宾归侨庄焰，原名叫卜一，1938 年来到延安进入中央党校学习，聆听过毛泽东、周恩来、朱德、刘少奇、张闻天、陈云、邓小平、邓发等领导人的演讲、报告或讲课，曾在谢觉哉的领导下主编《党校生活》。1940 年夏陈嘉庚访问延安期间，因陈嘉庚只会讲闽南话，不好懂，随行的翻译李铁民被车碰伤住院，庄焰临时给陈嘉庚和毛泽东当翻译。毛泽东详细了解了他在菲律宾的情况，风趣地称他为"洋包子"。毛泽东说，你的名字“卜一”三画太简单了，一看就是假的。这实际上是提醒他不要自我突出，要通俗化，后来他到东北便改名为庄焰。纪念五四运动20周年时，延安各单位推选模范青年，庄焰被中央党校选为模范青年，毛泽东亲手颁发给他一枚模范青年纪念章。

泰国归侨苏惠，1935年到香港，在中共南方工作委员会（简称南委）工作，1937年奉派到上海建立南委和中共中央联系的联络站，后被推选为党的七大代表到延安。1941年新年，毛泽东请她们五位女同志到家里吃饭，毛泽东询问了她沿途的经过，并扳着指头说，你们过了长江、黄河，中国的主要河流、山川、铁路都让你们走过来了。我们是大长征，你们是小长征。作为党中央的最高领袖，毛泽东这样风趣幽默，没有架子，平易近人，使她们备感亲切！

在延安，一提起身经百战、赫赫有名的朱德总司令，归侨们都感到亲切。

鸿雁传情，沟通心灵。在抗战烽火中，朱总司令与华侨的最初交往是通过信函开始的。1937年12月1日，北马来亚文化俱乐部等八个华侨团体，委托回国采访的华侨记者曾圣提向八路军献旗，并附信一封。信中对八路军与日军浴血奋战的“动天地泣鬼神之英勇精神”，“极表敬佩”。翌年2月，朱德在戎马倥偬之际以《告华侨同胞书》的形式给马来亚华侨回信说，八路军全体将士对于侨胞们关怀祖国、关怀我军的高尚热忱，非常感激与兴奋，八路军将继续奋勇杀敌，不怕牺牲，以报答海外华侨对我们的期望。希望全体海外侨胞大家团结一致，努力援助国内抗战，同时加紧国际宣传。1938年3月10日，“妇慰会”菲律宾分会致信朱德谓：“公率三军，捍卫华北，捷报频传，侨众欣跃。”并汇国币1万元购制雨具为八路军将士所用。4 月 2 日，朱德、彭德怀回信，对其“厚意热情，无任感奋”。一封封飞跃大洋、跨过群山、充满激情的信函，把总司令与海外华侨的距离拉近了。

对来延安的归侨，朱德更是无微不至地加以关怀。侨领陈嘉庚访问延安期间，朱德陪同他参观了延安女子大学，陪同他到毛泽东住处进餐，参加抗大三分校的欢迎会。陈嘉庚离开延安的前一天晚上，朱德在隆重的欢送会上代表边区党政军民致词，欢送陈嘉庚一行。

1940 年底，马来亚华侨青年郭戈奇来到延安。他到延安第一件事即以槟城《现代日报》记者的身份采访朱总司令。他把这个想法告诉朱德身边的工作人员并托他将自己的名片转给朱德。他未曾想到，日理万机的朱德知道后很快到王家坪接见了他。

郭戈奇原以为闻名遐迩的朱德将领，一定很严肃，威风凛凛。见面后，他首先给朱德敬礼道：“海外华侨对英勇善战的八路军、新四军致敬、问候！对朱总司令的雄才韬略和指挥作战有方表示敬佩!”

朱德带着浓重的四川口音回答说：“共产党领导的八路军、新四军是人民的子弟兵，在民族生死存亡之际挺身而出，开进敌后抗日是义不容辞的。我身为军人，指挥部队抗日杀敌更是责无旁贷。海外侨胞热心祖国，努力捐献物资，支援祖国抗战，许多华侨青年到延安，到革命根据地参加抗战，我们表示欢迎。”

朱总司令的热情、慈祥、坚定，使郭戈奇原来的拘谨一扫而光。在这种和谐欢快的气氛中，他们畅谈了一个多小时……

朱老总经常深入归侨中，参加归侨开展的各项活动，并多次同归侨青年一起就餐，有说有笑，热情地同他们拉家常，问他们在延安生活是否习惯，想不想家。他还风趣地问大家，国民党反动派造谣说我一天要吃一个小孩，大家信不信？逗得大家哈哈大笑。和归侨在一起时，朱德曾多次到食堂了解伙食情况，嘱咐炊事员给归侨青年加菜，主食多增加一些大米。归侨庄焰的夫人生小孩时，朱德派人送去自己种菜换钱买来的两只老母鸡。朱德在那样艰苦的生活条件下，那样关心备至，使庄焰夫妇十分感动。每到周末晚上，归侨青年在桃园俱乐部举行舞会，朱老总和叶剑英等领导人常来参加，和归侨们共享欢乐。

朱德和共产党的其他领导人多次参加归侨的一些集会。延安华侨救国联合会成立时，叶剑英、博古、吴玉章、张闻天等前来参加。1941 年 3 月，延安侨联召开第二次大会，朱德出席会议并作了讲话，他希望华侨要“加强对海外侨胞的联系和宣传”，欢迎其“参加边区经济建设活动，并欢迎华侨资本家向边区投资，边区政府一定保护他们的利益”。同年 10 月 5 日，延安侨联举行第三次大会，朱德应邀再次出席会议并作了讲话，阐述了党在抗战时期的侨务政策，受到了侨胞们的欢迎。

朱德不但是归侨青年的知己，而且是中共中央侨务部门的主要负责人，他曾先后担任中共中央党务研究室海外研究组组长兼中央华侨工作委员会书记，后任中央海外工作委员会主任。他亲自为“海委”开办的海外工作学习班的学员上军事课。此外，朱德还兼任中央政策研究室设立的海外工作研究小组组长。

朱德对在延安归侨的工作给予积极支持和信任。王家坪有个出色的泰国归侨伙食员罗道让。他看到干部战士每人每天定量的一斤粮食不够吃，就打了一个报告给朱德，提出拿出一些粮食喂养猪、羊、鸡等畜禽，增加肉食量，以减少粮食用量。他的报告得到朱德批准。果然，他的建议一经推行效果显著，不但粮食够吃了，而且还改善了生活。为此，罗道让被评为延安的模范管理员。朱德称赞他是懂得辩证法的好管家。

抗战时期，作为中共代表战斗在国统区的周恩来与华侨也有密切交往。在他直接领导下的中共南方局就设有华侨工作组，泰国归侨蔡楚吟和丈夫伍治之就在该组工作。侨领陈嘉庚回国慰劳考察，在重庆逗留期间，周恩来亲到其住处会谈。1942 年春夏，美国侨领司徒美堂万里迢迢回国来到重庆，周恩来、董必武、邓颖超闻讯前去看望，后又派车将他接到红岩村，举行欢迎会。周恩来向司徒美堂介绍了中国共产党及其领导的军队抗日的情况并邀请他去延安，会谈结束时一起合影留念。

▲周恩来在红岩村和司徒美堂合影

周恩来，这位风度翩翩的中国共产党代表，给很少接触共产党人的侨领富商留下了深刻的印象。如司徒美堂老人后来回忆说："1942 年夏天，我在重庆应周恩来的邀请出席了茶话会，他向我介绍了共产党领导的武装力量是怎样受着日本侵略军主力的进攻；他邀请我参观在延安的共产党指挥部。”那次会见，使这位洪门首领和同盟会元老，在思想上发生了微妙的变化，是他后来拥护共产党并成为党诚挚朋友的契机。

七七事变前后，旅居泰国的广大华侨忧心忡忡，为祖国的前途和命运担忧。当时在曼谷某欧洲资本家工厂工作的杜英阅报得知周恩来主持武汉八路军办事处的消息，便和一些华工联名给周恩来写信反映泰国华侨的思想情况，向他请教抗战前途。不久，他们喜出望外地收到周恩来亲笔写的长达八页纸的复信。信中赞扬泰国侨胞关心祖国命运、支援祖国抗战热忱，详细解答了他们提出的疑难问题，诸如日本侵华战争的非正义性、抗战的残酷性和长期性及国共合作中的联合与斗争等，最后得出的结论是“抗日战争必将是以中国人民取得最后胜利而告终”。周恩来的信深入浅出，精辟透彻，打开了侨胞们的心扉，使他们茅塞顿开。随即该信以《周恩来论抗日形势》为题刊登在《曼谷时报》上，轰动了曼谷华侨社会。

1940 年 9 月中旬，新加坡《南洋商报》记者张楚琨和高云览来到重庆。周恩来愉快地接受他们的采访，赞扬他们“是海外的进步记者，做了不少抗日工作”，并阐明了中国共产党的抗日主张。接着，他认真听取了张楚琨汇报南洋华侨抗日救亡情况。借采访之机，张楚琨提出《南洋商报》董事经理傅无闷委托他在国内物色一位有声望、有影响的编辑协助办好报纸，请求周恩来帮助。周恩来当即应允：“这个建议很好，我同意，可以物色的，你到香港找‘小廖’（指廖承志，在香港主持八路军办事处工作）好了。”并随即给张楚琨写了一便函带给廖承志。张楚琨到香港后，廖承志推荐新闻界权威胡愈之担当此任。果然，胡愈之接任《南洋商报》编辑主任后，该报影响、销路大增，成为南洋一带抗日救亡运动的重要喉舌。

中共其他领导人也同样关心归侨。如陈云、叶剑英曾为延安青干校的学员和归侨讲课，作形势报告；贺龙、林伯渠等也曾亲切接见过归侨青年；在香港主持八路军驻港办事处工作的廖承志，更是与华侨交往密切。

来到华中抗日根据地的归侨也同样得到新四军领导的关怀。1940 年夏，槟城华侨郭永绵回国，经香港的廖承志介绍来到苏北根据地盐城。此地刚从顽固派手中夺回来，匪特较多。郭永绵到盐城的当天被安排在一个客栈中。陈毅听说后，当晚带两个警卫员提着灯笼来看望郭永绵，对他的旅途辛苦表示慰问，对他来到新四军表示欢迎。

在抗日战争的烽火中，在共同致力于争取民族解放的伟大事业中，中国共产党人加深了与华侨的联系和交往，并建立了深厚的友谊。

◎ 血洒抗日根据地

生命是极为宝贵的，每个人只有一次。抗战时期，战斗在中国共产党领导下的各抗日根据地的大批归侨，不少人把自己宝贵的生命献给了祖国，献给了中华民族的解放事业。尽管他们的生命旅程是短暂的，但其价值是巨大的。他们将永垂青史！

抗战期间，在中共领导的华北敌后抗日游击战场上，不少归侨健儿参加八路军，纵横驰骋在抗日前线，其中有些人血沃黄土高原，成为爱国英雄和伟大的共产主义战士。

1985 年 4 月 26 日，山西雁北春意盎然，山地翠绿。这天上午，中共山西省委、中华全国华侨联合会在平鲁县隆重举行纪念李林烈士殉国 45 周年及李林烈士铜像揭幕典礼大会，薄一波为李林烈士题词："中华民族的优秀儿女，共产党员的光辉模范。"隆重的纪念大会，烈士的一件件遗物，人们仿佛看到了李林那短暂的、可歌可泣的一生。

李林，原名李秀若，1916 年出生在福建省龙溪的一个贫苦农民家庭。她出生刚 40 天，即被本县石码镇一位侨居印度尼西亚姓李的侨商的家眷收为养女。3 岁时随养母赴印度尼西亚投奔养父，1929 年又随养母回国到厦门爱国侨领陈嘉庚创办的集美中学读书。不久，九一八事变爆发，国内和海外抗日救亡的浪潮冲击着集美学校。在校期间，李林积极参加抗日救亡活动。她参加了集美各校联合成立的抗日救国会，在 1932 年集美学校接济东北抗日义勇军的活动中，她带头捐献一块大洋，并和学校师生一起到街头宣传抗日和开展抵制日货等活动。

1934 年冬，李林到上海爱国女中就读。祖国寇仇祸深，政府丧权辱国，深深刺痛着李林的心。爱国女中附近就是日军兵营，目睹日军横行霸道，她实在气愤不过，拍案而起，大声吼道："这还成什么国家！总有一天要把这些强盗赶出中国！"在这种激愤情绪下，她挥笔写下一篇《读木兰辞有感》的作文，内有"甘愿征战血染衣，不平倭寇誓不休"的诗句，表达了她决心为抗日献身的豪情壮志。她的作文被国文教师破格打了 105 分。在爱国女中，她因积极参加

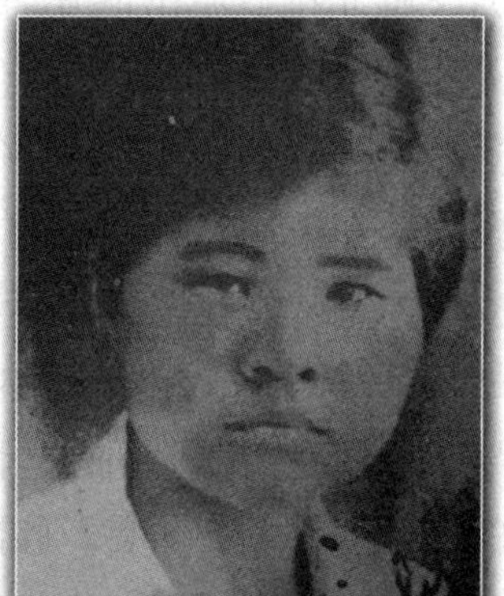

▲印度尼西亚华侨女英雄李林烈士

声援一二·九等抗日活动，校方警告要开除她。于是她和一位女同学决心到北平去，就在这时，她改名为李林，取“列宁”二字的谐音，表明自己要具有革命领袖列宁那样挽救祖国的雄心壮志。

1936 年 8 月，李林考入北平民国大学政治经济系。这时她已根本安不下心来学习，先是参加中华民族解放先锋队，继之高举旗帜参加援救“七君子”的活动，被反动军警打得头破血流，仍不放下手中旗帜。年底加入中国共产党，随即被派到山西太原，参加牺牲救国同盟会（简称牺盟会，中国共产党人薄一波领导的抗日武装）举办的军政干部训练班，担任特区宣传委员兼女子十一连党支部书记，开始了横刀立马的抗日斗争生活。这是李林在祖国危难的时刻为自己选择的投笔从戎、抗日救国的道路的关键一步，是她人生旅途的重大转折。

1937 年 7 月，李林结束训练来到大同抗日前线，担任中共雁北工作委员会（对外称牺盟雁北中心区）宣传委员。11 月，雁北抗日游击队第八支队成立，她担任政委，率部队深入敌后开辟抗日根据地，与日伪展开斗争——反击日军“扫荡”，英勇顽强；麦胡图夺马，干净利落；偏关城杀汉奸，为民除害……1938 年春，雁北抗日游击队改编为八路军 120 师独立第六支队，在原来由李林指挥的麦胡图战斗夺来的 50 多匹战马的基础上，组成骑兵中队，随即组建骑兵营，由李林任教导员。骑兵营宣布成立那天，李林骑着一匹名叫“菊花青”的烈性战马站在队首，腰间的宽皮带上插着一把缴获来的小八音手枪，肩上挎着一支木壳盒子枪，枪柄上的红绸飞扬，真是英姿飒爽，是名符其实的“双枪女游击队长”。李林率铁骑驰骋雁北，横扫敌寇。日伪闻之丧胆以 5000 元高价悬赏她的首级。而在当地抗日军民中，她却成了一个热爱人民，能征善战奇侠式的巾帼英雄。

在同日伪进行浴血奋战的同时，李林还勇于与国民党阎锡山顽固派进行有理、有利、有节的斗争。1939 年 3 月，她出席了阎锡山在陕西宜川秋林召开的军政民高级干部会议（即“秋林会议”，这是一次反共会议）。出席会议的一些顽固派分子，群起鼓噪地攻击共产党及其领导的八路军、新四军。一个家伙说：“八路军、新四军游而不击，扰民害民。”

“牺盟会美女的狐狸尾巴露出来了。”另一个家伙阴阳怪气地说。

……

李林以自己的亲身经历和八路军深入敌后抗战的大量事实，进行了针锋相对的驳斥，她义正词严地说：“八路军、决死队、牺盟会在敌后领导人民抗战的时候，有些人名义上拥护司令长官，实际上是破坏抗战，向在敌后浴血抗战的队伍进行恶毒攻击。牺盟会、决死队到底干了什么？究竟谁是狐狸？”一阵连珠炮似的发言驳得对方无言以对。

李林接着说：“在两年的战斗中，我们历尽艰险同敌人浴血奋战，敌人曾悬赏 5000 元巨款要我的头颅，可是今天，换来的却是一个狐狸的名声。我，我受不了这样的糟蹋，我们到底做了哪些见不得人的事？你们说出来嘛！”

又是一串炸雷似的发言，博得一阵掌声。而原来叫得挺凶的几个顽固派面面相觑，哑口无言，连阎锡山这个老狐狸也眯缝着眼睛感叹道：“没想到一个矮胖的女八路竟这样厉害。”

李林在秋林会议上的言行，引起很大震动。牺盟会的《牺牲救国报》对此作了专题报道。连国民党方面的新闻记者也来采访李林，为她拍摄纪录镜头，赞扬她“一个归侨女青年，在敌后指挥游击队杀敌打仗真了不起”！

1938 年 7 月，牺盟晋绥边工作委员会成立，李林被 120 师政委关向应提名调到边委会担任宣传委员，兼管边区地方武装。1939 年 10 月，日伪军纠集 2000 余人向晋绥边区进行第七次大“扫荡”，李林等率游击队乘势奇袭日军空虚的老窝岱岳，迫使敌人撤回据点，从而解除了敌人对我边区首脑机关的包围，取得了反“扫荡”斗争的胜利。

1940 年 1 月，晋绥边区第十一行政专员公署成立，李林被选为专署秘书主任，月底赴兴县参加晋西北人民代表大会，被选为晋西北行政公署委员，并得到贺龙将军亲切会见。贺龙询问了她的身世及在雁北斗争的情况，听后赞扬说：“一个女同志，来自城市的大学生，能带领骑兵，在长城内外大战日本鬼子，打出了威风，很不简单！”

在会上贺龙向全体代表介绍说：“这是我们的抗日女英雄，一个华侨大学生能在敌后领兵打仗，值得大家赞扬！”

1940 年 4 月下旬，日军集中兵力 8000 多人，开展对晋绥边区腹地的第九次大“扫荡”。中共晋绥边区地委、十一专署机关、群众团体和所办的几个训练班及六支队共千余人，在平鲁县东平太村被敌人包围，情况万分紧急。26 日凌晨，队伍在群山险谷中前进，向平鲁老城方向突围。六支队走在前面，机关人员和群众走在中间，李林率专署警卫连殿后。当队伍走到陶小峰和左小峰村前交叉路口时遭敌伏击，先头部队与后续队伍被拦腰截断，失去联系，后边队伍混乱起来，有战斗力的武装只有李林的警卫连，形势危急。中共晋绥边特委负责人赵忠池、姜胜和李林紧急商讨对策。姜胜提出：“只有让骑兵连向相反的方向东面冲去，才能吸引敌人，掩护大队人员向北或向西突围。现在需要领导同志去指挥骑兵连。”

李林觉得姜胜的方案可行，立即表态说："我带过骑兵，我去指挥！"她一边说，一边提起盒子枪，一跃跨上"菊花青"，跑到骑兵连面前大声命令："同志们，跟我来！"

听到命令后，骑兵连的勇士们掀起冲天的尘雾随着喊杀声冲向东大沟，敌人误认为李林所部为主力，慌忙调集重兵向东增援，姜胜乘机率大队迅速突围。此时，前卫六支队也早已突出敌人包围圈。只有李林等几十匹铁骑在敌人的重围之中猛烈冲杀，伤亡惨重。经过血战，她带领几个人冲出了敌人重围，但这时她听身后方向枪声密集，担心机关大队人员未完全突出包围，遂率骑兵战士重新杀进敌人包围圈。两边山上被李林甩开正准备追击我机关大队的敌人听到背后响起急促的枪声，再集重兵向李林开火。她率战士边打边撤，最后只剩她和两名战士，人马都已多处负伤，只好徒步冲杀。日军和冲上来的伪军号叫着"抓活的"。她忍着伤痛手持双枪左右开弓，接连打死六个敌人，一支手枪子弹已经打光，另一支手枪只剩一颗子弹。敌人步步紧逼，她用最后一颗子弹打进自己的喉部，英勇献身，年仅24岁。

李林及其战友的壮烈牺牲，换来我大部分机关人员的安全转移。当天夜里她的遗体被抢运回来，当地军民成群结队地赶来挥泪向李林遗体告别，将她安葬并树碑纪念。许多"干妈""干姐妹"专门带来祭品到墓前祭奠。李林牺牲不久，中共中央妇委发来唁电，称她为"光辉模范""女英雄"；延安中共中央机关报《新中华报》、《中国妇女》杂志、重庆的《新华日报》、晋西北的《新西北报》等报刊都介绍了她的英雄事迹。

新中国成立后，人们以各种方式纪念李林烈士。

——1952年，平鲁人民把李林烈士遗体迁至井坪烈士陵园。

——1964 年，中共平鲁县委和县政府为李林烈士树碑立传，修建了李林烈士革命事迹陈列室。

——1973 年，周恩来陪外宾到大同访问时，指示雁北地委要宣传李林。

——1983 年 10 月，平鲁县人民政府重刻李林碑文，其中写道："李林同志是中华民族的优秀女儿，中国共产党模范党员，在她的革命一生中，对敌人骁勇讨杀，建功卓著；与人民血肉相连，亲如手足；对祖国无限热爱，赤胆忠心；为革命坚贞不屈，鞠躬尽瘁。她的崇高的革命精神，永远是亿万人民学习的光辉榜样。"

——1988 年，厦门集美学校塑立李林烈士跃马横枪的铜像。

——1990 年，厦门集美修建李林园……

在中共领导的华中抗日根据地，也留下了许多华侨健儿的足迹，洒下了华侨烈士的鲜血。新四军政治部组织部长李子芳就是一名著名的归侨烈士。

李子芳是 1927 年大革命失败之际回国参加革命的菲律宾华侨，后参加红军，参加过中央革命根据地的反"围剿"斗争和万里长征。抗日战争爆发后，国共再次合作，中共领导的南方八省游击队改编为新四军。1937 年 11 月，党中央派李子芳等 40 多名党政干部从延安南下武汉组建新四军，他担任军政治部组织部长。当时新四军的军部领导同志尚未全到职，他参与领导了全军的组建、政治思想等多项工作，为新四军政治思想建设和组织建设作出了贡献。

1941 年 1 月，蒋介石"同室操戈"，大举围攻屠杀皖南新四军，制造了震惊中外的皖南事变。事变前 10 来天，李子芳因患阑尾炎住院手术，又有较重肺病，身体虚弱。因皖南形势恶化，新四军军部领导决定先把老弱病残的指战员撤至江北，

▲李子芳（左一）在延安抗大三期五队学习期间和同学合影

李子芳也属先撤之列，但他坚持留下与大部队一起行动。皖南事变爆发后，他拖着病躯顽强地随大队拼杀。当战斗到最后关头，叶挺军长下令分散突围，他立即组织干部战士突围，指示大家“要杀出一血路来，夺血路而走”，不管情况多么严重，也“不要灰心丧气”。他还下死命令，要护卫他的两名泰国归侨战士陈惠、陈宜自己突围，不要管他。最后他因身体衰弱，行动艰难，未能冲出顽军的包围圈而被俘。两名护卫人员也以身殉国。

李子芳被俘后，先是被关押在上饶集中营，后转押石底监狱。在狱中，他同国民党顽固派进行了针锋相对的斗争。到石底监狱后，李子芳、黄诚、陈子谷（泰国归侨）等人组织了狱中临时党支部，李子芳担任支部书记，领导狱中斗争。在李子芳的领导下，经过几个月的准备，石底监狱组织了一次越狱行动。但因雨大天黑路滑，加之心情紧张，越狱行动失败。

1942 年春夏，日军大举进攻浙赣线，逼进上饶。5 月上旬，国民党军队在逃跑前，丧心病狂地将李子芳等四人秘密地屠杀于狱中。

《革命烈士书信集》《福建革命史画册》等书籍中，收录了 1939 年 5 月《华侨烈士沈尔七的一封家信》，沈尔七在致母亲的信中说："儿为了革命，多年未寄分文到家，致母亲生活更苦，心殊不安，惟今如不抗日救国，民众将永无翻身之日，故儿愿牺牲一切，奋斗到底。"表达了他为抗日救国在外奔波，连家里的母亲都顾不上照顾，决心为民族解放事业"牺牲一切"的高尚爱国精神。

沈尔七原名沈庆炬，1914 年出生于福建省晋江县的一个清贫华侨家庭。1930 年到马尼拉当店员。九一八事变后，他积极从事抗日救亡活动，在当地组织进步团体，不久，加入中国共产党。全面抗战爆发后，沈尔七和旅菲华侨一道积极开展抗日救亡活动。1938 年初，他率领菲律宾华侨归国抗日义勇队回国参加新四军。他入伍后，战斗勇敢，工作出色，被称为"模范军人"。1939 年初，新四军领导派他返回菲律宾。回菲律宾后，他忠实地执行党交给的任务，向广大侨胞宣传中共的抗日主张及八路军、新四军的抗日事迹，募集了一批慰劳品（以药品为主）。不久，再次率领菲律宾华侨回国慰劳团到皖南云岭新四军军部慰劳。此后，他被调到新四军教导队第九队学习，结业后到新四军江南指挥部工作。此间，他曾参加西塔山、镇宝公路等几次战斗，表现出色。1940 年 10 月，沈尔七再次奉派返回菲律宾马尼拉，动员华侨支援新四军抗日。1941 年底，他第三次离菲律宾回国，正值日本发动太平洋战争占领香港，他遂撤退到广东东江游击区，在东宝人民抗日游击大队政治部工作，后任阳台山伤兵医院中队政治指导员。1942 年 5

月，国民党进攻阳台山伤兵医院，他在掩护伤员撤退时中弹牺牲。

沈尔七不辞劳苦，三次奔波往返中国和菲律宾，他把自己的一切献给祖国和新四军的抗日事业。他英俊潇洒，在新四军军部时引人注目，曾有几位女同志悄悄爱上他，有人为他当月老，他表示："日寇一天打不走，我就一天不娶亲。"他牺牲时 28 岁，仍独身一人。

在中国共产党开创的华南抗日根据地里，有许多归侨青年为创建和保卫根据地而英勇献身，他们以火红的青春，为祖国华南抗战谱写了光彩夺目的篇章。

钟若潮（又名李中）、黄丽夫妇是为抗日献身的泰国归侨烈士。钟若潮出生于广东省梅县，幼时因家贫被卖给邻居做养子。15 岁赴泰国谋生。1938 年 10 月，广州被日军占领，他和新婚不久的妻子黄丽及弟弟钟育民一起回乡抗日，先是参加东江华侨回乡服务团，后调任广东人民抗日游击队第三大队独立中队政委。黄丽则在战地医院救护伤员。经过战争的考验，夫妇双双加入中国共产党。1942 年 5 月，国民党军队发现并包围伤兵医院，黄丽为保护伤员被敌军抓走。在审讯室里，她勇夺敌连长的驳壳枪未成，被杀害。1944 年 4 月，400 多名日军在加藤大队长的率领下袭击东莞马山东江纵队司令部。钟若潮奉命率独立中队一个排首先抢占马山，与敌人展开激烈战斗，连续打退敌人多次进攻，掩护东纵机关和群众安全转移。此战歼敌五六十人，日军加藤大队长受重伤逃回驻地后毙命。但我军伤亡也较大，钟若潮和坚守马山的许多战士壮烈牺牲。钟若潮、黄丽夫妇，没有沉浸在新婚的欢乐中，而是为挽救祖国的危亡比翼双飞，回国抗日，加入共产党，为民族的解放事业而献身。

▲钟若潮、黄丽夫妇

朱明是为琼崖抗日而献身的华侨烈士。他出身于泰国一个较富裕的华侨建筑承包商之家，又有相处几年的女友，但这些拴不住他回国抗日之心。抗日战争爆发不久，朱明先是到香港参加琼崖抗日救护队，后以该队为基础成立琼崖回乡服务团“香港团”，他是领导人之一。1939 年初，“香港团”决定回琼岛抗日，出发前派朱明单人渡过日军严密封锁的琼州海峡，探索行动路线并侦察情况。恰在准备回琼之际，发生了这样两件事：1938 年底，朱明的女友特地从泰国来到香港找他，劝他回曼谷结婚，结果被朱明拒绝。女友哭着回泰国，婚事告吹，二人就此分手。1939 年 1 月底，朱明母亲病重来信要他回家探望。他忍痛写信央求母亲宽恕：“等到打败日本鬼子后，一定回家探望双亲。”不久父亲回信告诉他母亲病故，他含泪对别人说：“干革命，有时忠孝不能两全。我们的工作，是为千千万万个爹妈尽孝啊！”

1939 年 4 月，朱明等率“香港团”回琼后，他把自己的全部身心都投入抗日事业。1940 年 5 月，他受“香港团”委托，回香港汇报工作并领取活动经费，不幸在琼州海峡遇难，年仅20岁。

血洒抗日根据地的华侨英烈还有许多，上面介绍的只是其中的几个典型。这些华侨烈士大多20岁左右。他们的生命虽然短暂，但他们的青春是那么火红，他们的爱国精神是那么崇高！他们是中国共产党培养出来的优秀儿女，是全体海外华侨的光荣与骄傲！华侨烈士的鲜血洒进了华北大地，浇灌了华中平原，染红了珠江海南，流遍了各敌后抗日根据地。他们为民族解放事业献身的爱国事迹，如山河常在，与日月同辉！

开展国际援华活动

◎ 开展国际援华宣传

日本在疯狂地发动侵华战争的同时，还大肆鼓噪，进行欺骗宣传：它进攻中国是“拯救”中国的“合理性”“圣战”，是“惩罚”中国军民的抗日与“扩展”的“不得已行动”，甚至是为了“帮助开发中国”的“光荣”之举……

日本侵略者对中国的侵略十分野蛮凶残，到处烧杀抢掠，狂轰滥炸，奸淫妇女，无恶不作，给中国人民带来了世所罕见的空前灾难，其侵略的兽行达到十分疯狂的程度。

中国人民的抗日战争是反侵略的捍卫国家主权、争取民族解放的正义战争，而日本的对华战争是妄图称霸东南亚、进而称霸世界的侵略奴役掠夺的非正义战争。但这些并不是全世界所有的人都清楚的。日本的欺骗宣传，使许多人分辨不清中日战争的性质，有必要加以澄清；日本侵略者惨无人道的暴行，侨居地人民并不是都了解，有必要加以深刻揭露；中华民族素有不畏强暴、勇于反抗外来侵略的传统，中国人民都有着强烈的民族爱国意识，未必所有的人都有认识。因此，必须向全世界人民大张旗鼓地宣传中国能够抗战并必将取得最终胜利，鼓动和争取世界各国政府和人民关心、同情并支援中国抗战。在某种意义上说，这项重要而艰巨的任务在相当程度上是由世界各地的华侨来完成的。

最先大规模地开展国际援华抗日活动的是欧洲华侨。九一八事变后，欧洲华侨痛恨日本侵华，开展了各种形式的抗日救国活动，在国际友人中宣传抗日是其中的一项重要内容。

1932 年 8 月 27 日，在荷兰的阿姆斯特丹召开了一次大规模的世界反战大会，来自 29 个国家和地区的 2000 多名代表参加会议，列席会议者多达 1.5 万人。这样的大型国际会议，却没有中国代表。欧洲华侨反帝大同盟和德国华侨反战组织派出六名代表出席大会。他们在会上作了激动人心的演讲，愤怒地揭露了日本发动九一八事变，大举侵略我国东北；兴奋地介绍了东北人民风起云涌的抗日斗争；强烈地呼吁世界各国停止与日本进行军火贸易，制止日本侵华。华侨代表的演讲，博得了与会者的欢迎和好评。会间，华侨代表向大会提交了反对帝国主义战争的提案，发表了《旅欧华侨反战委员会宣言》。会后，华侨代表还分赴欧洲各国的大中城市宣传大会精神，介绍中国人民抗击日本侵略者的情况，呼吁世界爱好和平的人民团结起来，反对帝国主义侵略战争。他们所到之处，均受到欢迎。其反战活动和争取援华抗日活动，起到了非常有益的作用。

1936 年，德国中国问题研究会、科学研究会等六个华侨团体联合成立旅德华侨抗日联合会。他们出版刊物和抗日基本问题丛书，向侨胞宣传祖国团结抗战的重要意义。同年 10 月到第二年 8 月，该组织在华侨和当地友人中举行了四次大型抗日宣传。卢沟桥事变发生后，该组织立即发表中文宣言，要求国民党政府即刻发动全国力量对日作战；同时发表德文宣言，呼吁德国及其他各国具有正义感的人们，同情中国民族解放的正义斗争。

法国华侨于1936年在巴黎成立中华民众抗日救国会，出版法文刊物《中国青年》，并派人参加各种国际反战会议，翻译介绍各种抗日消息，寄送同情中国抗日的外国刊物发表。

1937年9月19日，全欧华侨抗联会为揭露日本侵华暴行，呼吁各国人民奋起支援中国抗战，发表了《告世界人士书》，并被译为英文、德文、法文，先后在欧洲各地的进步报刊上登载，表达了全欧华侨请求世界各国声援中国抗战的强烈心声。1938年元旦，全欧华侨抗联会为广泛开展国际宣传活动，印发抵制日货援华抗日的法文传单20万份、法文小册子《日本侵略中国与中国人民之英勇抗战》2万册，赠送法国各界。

1938年新年期间的某日，法国比央古华工区召集新年抗日演讲大会。在演讲台上，一个身着西装的中年人，两眼充满了怒火，攥紧拳头的右手不时挥动着，他先是揭露日本侵略者在中国的暴行，继之痛诉祖国同胞遭到蹂躏屠杀的惨况。与会的华侨和某些外国友人深受感染。演讲者是法国参战华工总会会长王庆元。当时旅居法国的中共领导人吴玉章，国民党驻法总支部负责人袁冠新，华侨代表王海镜、何肇绪、谭泽汉等人参加了演讲和报告。

从第二次世界大战爆发到1940年底，德国法西斯占领欧洲大部，欧洲华侨的国际宣传活动转入低潮。

1940年8月中旬，菲律宾马尼拉市商业区最繁华的大街——依示戈打街的一座宏大建筑物“水晶宫”门外，停放着许多高级轿车，川流不息的人流，进进出出——男女老幼，有中国人，有外国人；有普通的市民，还有军官、外国高级官员……

这是菲律宾华侨援助抗战委员会举行的中国抗战画片展

览会的热闹场面。这次大规模的图片展览，是经过充分的准备的。“水晶宫”内二楼的三个大房间，楼上楼下及室内布置得精美绝伦，街上行人一望便知。展室内展出反映中国抗战的大小照片、油画、漫画、木刻等共800余幅，共分10个部分，图片均有详细的中英文说明，并绘有一幅“中国抗战形势地图”。

8月10日至11日两天为预展。10日来参观的各报社通讯社及各杂志社代表30多人；11日来参观的美国及菲律宾（当时菲律宾为美国的殖民地）高级官员300多人。12日，展览正式开幕，原定展期4日，后因观众越来越多，每日拥挤不堪，遂延至23日晚结束。预展加正式展览共13天，前来参观的中外人士共12万多人，外宾占三分之二，华侨占三分之一（其中马尼拉市来参观的华侨4万多人，占总数的五分之四）。马尼拉市以外的中菲人士亦前来参观。正式展出期间，前来参观的还有以美陆军司令格兰为首的几十名高级军官及菲律宾政府各要员、国会议员等军政要人不下数百人，另有千余名日侨亦前来参观。

中外人士对我军民英勇抗战“莫不同声赞扬”，对日本侵略者的残酷暴行“则发指目裂、一致痛恨”。尤其是在展览会期间，展室的出口处预备一份要求美国政府立即禁运军火赴日的请愿书，有5万多人自愿签名，后呈送刚刚来菲履任美国驻菲最高专员西尔，请其转呈美国国会，并为此专门成立菲律宾禁运军火赴日运动委员会，广泛开展争取国际援华，禁运军火赴日的爱国活动。菲律宾华侨为宣传祖国抗战下了很大功夫，做了大量工作，取得了良好效果。

1939年暑期，越南海防华侨中学师生精心绘制抗战图画400余幅，分别在海防、河内、南定、海阳等地公展，以激起侨胞和当地人民的反日情绪。此外，菲律宾、缅甸、马来亚、新加坡、越南及欧美等地的华侨影剧院，经常放映国内拍摄的抗日影片和新闻纪录片。其中马来亚丁加奴华侨黄明政开办的甲必都戏院大量放映国产抗日影片。该院放映的国产抗日影片《风云儿女》，在马来亚轰动一时，各地争相上映，场场爆满。

代表数百万南洋华侨的南侨总会，对开展国际援华宣传活动起到了领导带头作用。南侨总会成立后，曾将大会宣言等重要文件及活动简报分寄国内外各团体，译成各种文字向全世界各地散发。根据总会主席陈嘉庚的建议，还采取补贴的办法，请马来亚各地著名的外文报纸，代为宣传南侨总会的重要文件，宣传祖国抗战。陈嘉庚率领南侨慰劳团回国慰劳考察，拍摄大量照片，于 1941 年初精选 1700 多幅，在南洋公展。照片内容丰富，有日军屠杀中国军民的悲惨场景，有国共军队杀敌的场面，有大后方和边区建设的真实情景，有党政军领袖的照片和名胜古迹等。展览再现了祖国抗战军民的英姿，再现了祖国各杀敌战场的逼真场面，其展出规模之大，影响之巨，堪称少见。

有些华侨不辞辛苦，风尘仆仆，深入到厂矿、农村开展抗日宣传。缅甸华侨小学校的学生，常到泰缅边境的列车上作五分钟宣传讲演，鼓动旅客为中国抗战捐款购买飞机，抵御日机的狂轰滥炸。他们绘声绘色带有强烈情感的童音，使许多华侨感动得流泪，解囊捐款。一名印度工人也深受感动，捐出半盾钱，以英语大呼“中国抗战胜利”等口号。越南华侨筹赈会宣传股组织 10 个宣传队，每队五人，各队分别在 1939 年元旦深入到农村宣传。队员们带着自己编印的宣传纲要，在乡村公众场所召集公民大会，按纲要内容轮流宣讲。这种宣传曾搞过二三次，每次数十天。

南洋各地华侨还组织了别具一格的游行示威宣传抗日活动。新加坡华侨自1938年元旦起的一个多月内就举行过五次较大规模的抗日游行示威活动，参加人数均在三五千人以上，围观者众多，造成轰轰烈烈的抗日声势。泰国曼谷华侨宣传抗日救国呼声震动全城，在最热闹的耀华力路、华侨闹市区三聘街和真君爷路，宣传欢庆祖国抗战的爆竹纸屑如雪片纷飞。缅甸华侨学生每周定期举行一次宣传活动，他们经常列队到当地福建和广东观音庙以闽粤语宣讲抗战的意义，或者沿街高唱抗日歌曲。菲律宾华侨抗敌后援总会成立后，在马尼拉对外宣传共进行13次，并派出宣传队，到菲律宾各省宣传20多次，到处散发英、菲文抗日宣传品。

抗日援华舆论宣传声响遍美洲各国，回荡在大洋彼岸。尤其是美国各大城市华侨的宣传活动造成很大声势，成为美洲华侨抗日援华舆论宣传的中心。

旅居美国的华侨经营“三店”——饭店、洗衣店、旅店的较多。不少华侨利用自己的职业之便开展各种形式的抗日宣传活动。如纽约洗衣业的华侨联合组织了衣馆联合会的组织。卢沟桥事变不久，该组织发起召开大规模的群众抗日大会，许多侨胞与会，会场情绪异常激昂。会议决定发表宣言，扩大对外宣传，揭发日寇残暴行为，印发大量英文传单，发给同业华侨带回衣馆散发。会后纽约各地洗衣业华侨积极响应，除了上街秘密散发传单外，还把印好的各种文字的抗日宣传品夹在洗好的衣服中。抗战爆发的头半年里，华侨洗衣业的工人向顾客散发的抗日传单和各种小册子达万余份。

华侨宣传祖国抗战的活动深入到各个阶层，连美国华人基督教同仁亦利用祈祷时间作援助祖国抗战宣传。纽约华人长老会曾举行国难公祷会，由李任公讲《国难期中基督教徒应有之态度》、黄任民讲《此次抗战我国必操胜券》等。

华侨争取国际援助祖国抗日的宣传活动在美国各大城市此起彼伏。

纽约华侨筹饷总会除发动华侨捐款外，还规定，每周对外宣传一次，邀请对中国问题有专门研究的专家学者作演讲，或派出职员向国际友人通告中国抗战的进展情况。到 1941 年夏，该会组织的对外宣传会议等活动达 180 多次，听众多达数十万人次，对美国各界影响很大。

1938 年夏，芝加哥 5000 多名华侨高唱雄壮的抗日歌曲，走上街头游行，向过往行人宣传中国抗战。

同一年，费城日本领事馆前聚集着数千名华侨穿着黑衣丧服、抬着黑棺材游行的抗日聚会，这种特别的反日形式前所未见。

1939 年，旧金山华侨金星公司电台创立，每天广播 9 个小时，对内以粤语报告新闻；对外以英语报道中国抗日、反法西斯消息。当日新闻消息报道及时，听者甚众，宣传效果良好。

美国华侨以民间的方式开展的抗日援华宣传活动中，涌现出了许多典型的动人事迹，如美国旧金山侨领邝炳舜，于 1941 年夏回国慰劳返回美国后，不辞辛苦，走遍美国 26 个州的广大城乡，行程 11 260 余公里，向各地侨胞和友人宣传祖国抗战情况，聆听其演说的侨胞达 2. 5 万多人。美国华侨妇女余金莲及子女三人，抗战期间，在当地友人团体及大学宣传讲演达 2000 多次，其足迹遍布美国城乡僻壤，使美国各界深受感动。

加拿大温哥华等地的华侨，抗战时期也开展了国际宣传活动，他们编印英文小册子《中国的战争与加拿大》《救中国与救世界和平》，影响较大。

世界各地华侨以各种形式向国际友人宣传中国抗战，无情地揭露和抨击了日本发动侵华战争、屠杀蹂躏中国人民的残暴罪行，热情地宣传和歌颂了中华民族奋勇抗日的正义斗争。它一方面唤醒了广大侨众，激发了他们抗日爱国的热忱；另一方面，积极争取并博得世界各民主国家、国际友人及侨居国人民对中国抗战的同情或支持。华侨掀起的国际援华抗日的舆论声浪震荡全球。

◎ 参加国际援华活动

中国的抗日战争不是孤立进行的，而是有着较为广泛的国际背景和国际联系。国际舆论的向背，各国政府和人民对中国抗战持何种态度及政策，对中国抗战不无影响。

华侨长期侨居世界各地，与侨居国朝野都有交往与联系。抗战期间，他们以民间交往的形式，在各阶层国际友人中，广泛团结、联合侨居国的各种进步团体、当地居民，以及国家政要、社会活动家、商人、学者、文艺界人士等，同他们建立反对日本侵华、维护世界和平的政治联盟，并参加他们创建的援华抗日团体。

全国抗战爆发前，某些欧洲华侨就加入了当地友人及知名人士组织的援华组织，参加他们开展的援华反日活动。1936年初，英国伦敦成立英国中国人民之友社，将援助中国抵抗日本侵略确定为本社的任务之一。英国华侨熊式一、王礼锡加入该社并任干事。

1937 年 9 月 23 日，更大规模的援华团体——英国援华委员会在伦敦成立。这一团体包括的党派众多，囊括的社团阶层广泛。它在英格兰和北爱尔兰各地设立 20 多个分会，是欧洲最大的国际援华团体之一。华侨学者王景春博士任副主席。英国大学国联同志会的华侨张似旅、朱宝贤，世界语学会的华人学者姚念媛等为援华会的成员。

法国最大的援华团体为法国中国人民之友社，由52个团体组成，其中有军人、政党、妇女、学生等团体，三名华侨担任该社秘书。全欧华侨抗联会、巴黎书报社和中国学生会等华侨团体与该社联系密切，并在援华抗日的国际活动中采取一致行动。

欧洲其他国际援华团体，诸如瑞典援华会、比利时中国友谊会、荷兰的中华救济会等组织多有华侨参加并共同开展援华抗日活动。

美国最大的抗日援华团体，是在纽约建立的美国援华委员会。它是由美国总统罗斯福之子西尔多·罗斯福上校与华侨知名人士郑家颐联合发起建立的。该组织在全美各地建立200多个分会，拥有会员400万人。其主要活动为进行援华抗日宣传和募捐援华、医药援华活动；发动和推动各地的抵制日货运动；发动并推动美国各大港口阻止军火运日活动，并通过请愿促使国会通过对日禁运军火案。

美国另一大型援华团体，是1937年秋在旧金山成立的在美中国战事救济联合会。它是由华侨抗日团体及当地海员工会、铁路工会、码头工人联合会、劳工联合会等进步团体组成。救济中国难民联合委员会也是美国的一个大型援华团体。该组织由华侨妇女救国会、美国对华医药援助委员会、劳工对华救济委员会、对华紧急救济委员会等团体共同组织。其联络对象为工商士绅、各界名流，甚至与总统罗斯福亦有联系。它以影响美国上层乃至国会援华为职责。

美国其他国际援华团体还有华侨冀朝鼎与纽约知名人士在

纽约建立的纽约美国中国人民之友社，华侨与美国商人、企业家等组织的抵制日本侵略委员会等。

另外，美洲其他各国也有类似的组织，加拿大华侨与当地社会活动家、知名学者联合组织了加拿大中国人民之友社；南美有古巴中国人民之友社、中美协会等。

南洋各国多为欧美国家的殖民地，由于殖民当局的限制和束缚，抗战时期南洋地区华侨的国际援华活动没有欧美那样轰轰烈烈，但各地华侨仍然以公开或秘密的方式与当地同情中国抗战的友人组织了援华抗日团体。如缅甸华侨与当地友人及侨缅印度人联合成立的华印缅联合抵制日货委员会，菲律宾华侨与当地同情中国抗战的人士共同组织了中菲协会、菲律宾中国人民之友社等。

华侨在世界各地参与建立或参加援华抗日团体，为他们广泛开展国际援华活动提供了条件和活动场所。他们成为这些团体中开展援华抗日活动的活跃分子。

中日战争，在国际上，就像一个天平一样，哪边的砝码重，就向哪边倾斜，对哪边也就有利。美国是世界上头号经济军事强国，是中日战争这个天平上举足轻重的砝码，但在日本发动侵华战争前期，美国对日侵华的态度暧昧，实行所谓的"中立"政策，实际上是隔岸观火。因此，促使美国政府首脑及朝野各界改变对日侵华态度，转而同情和支持中国抗日，是美国华侨及援华团体的首要任务。美国华侨及援华团体在这方面的成绩也较突出。

1937 年 7 月 15 日，纽约援华组织发动了一次有 4000 多人参加的抗日示威游行，游行队伍里 1000 多名黑头发、黄皮肤的华侨格外引人注目。游行队伍先是汇集在日本领事馆前，声讨抗议日本大举侵华，接着举行示威游行，召开露天大会。美国共产党代表和华侨代表分别在会上演讲，与会者齐声呼吁美国政府贷款援华，断绝对日本的援助。

同年 11 月中旬，纽约中国人民之友社在马迪城广场举行有 2 万人参加的抗日援华大会，纽约华侨抗日筹饷总会派千余名华侨与会。1938 年夏，日本侵略者对广州市狂轰滥炸，中国居民伤亡惨重。纽约美国援华委员会闻讯后，在全美各地发动了空前规模的抗议示威活动，仅纽约一地就有一万数千人响应并参加游行。8 月 9 日，美国援华会和中国人民之友社联合发动的示威游行和抗议运动，得到华盛顿、旧金山、费城、芝加哥等大城市的响应。仅纽约市区参加反战反侵略的援华示威游行的群众多达 3 万人。500 名华侨高举着“中国为自由而战、为世界和平而战”的横幅，在游行队伍中非常醒目。

纽约援华团体掀起的援华抗日浪潮一浪高过一浪，影响和推动了美国上层人士对抗日援华活动的同情与支持。1938 年 7 月 21 日，以纽约市市长为首的美国 61 个城市市长发表宣言，严厉斥责日本侵华暴行，对日军残忍轰炸广州市民表示愤慨，并“愿以全力阻止此种残暴行为”。

旧金山是抗战时期美国援华活动十分活跃的另一个大城市。1938 年 6 月，该市华侨联合美国知名人士发起援助中国难民的“一碗饭”运动。他们举行反日游行大示威，用飞机散发传单。美国前总统胡佛等知名人士前来参加。旧金山市长与中国领事同乘汽车，由市政府率队游行华人区。游行队伍犹如一条长龙，浩浩荡荡，游行和围观者达 20 万人。其中华侨巡游队举着各种标语牌，上面用英文写道：

“请帮助中国难民充满其饭碗，你们五毫银可买‘一百碗饭’！五毫银可救中国难民的命！”

“饥饿的中国难民需要饭食，你们帮助吗？”

▲美国华侨"一碗饭"运动宣传画

"数千万中国难民需要你们在今晚的帮助!"

……

"一碗饭"运动很快通过各种渠道传遍全美国。到7月17日，全美有2000多个大中小城市响应这一运动。是日晚，旧金山市再次掀起高潮，盛大的"华埠之夜"，前来参观者人山人海，挤得水泄不通。据美国警厅报告，是晚9时人数达15万人，10时达25万人，近11时约达30万人，"诚华埠有史以来所未见"。此项运动不但为祖国募得约百万美元巨款，而且在政治上是一场声势浩大的国际援华反日活动。

与此同时，美国其他大城市诸如华盛顿、芝加哥、西雅图等地的中美人士也纷纷掀起援华反日活动。1941年，洛杉矶好莱坞举行为救济中国难民募款盛会，华侨和美国各阶层人士共有10万人参加。好莱坞不少美国电影明星参加了集会。

1941年5月18日至25日，纽约美国援华总会联合全美各地的美国援华组织，发起完成募集500万美元救济中国伤兵难民的“中国周”运动。响应和参加这一活动的美国各界和华侨共达100多万人。100多名华侨妇女在纽约市区沿街挨户劝捐。美国知名作家、诗人、戏剧家、小说家和编辑等69人将自己的部分版税和稿费捐献出来。特别是以纽约州州长李门为首的14位州长和以纽约市市长拉迦第亚为代表的200名大中城市市长先后发表宣言，号召当地各族民众参加这次援华运动。这次“中国周”运动在美国历史上是罕见的，是华侨和美国民众联合援华抗日活动的空前盛举，标志着美国援华抗日活动达到了最高潮。

抗日援华活动也轰动了加拿大。1937年10月22日，加拿大卡尔加里华侨拒日救国会发起召集75个中西团体参加的抗日非战运动大会，与会者达7000多人。抗日援华活动也波及墨西哥。抗日亲华会和华侨社团在墨西哥城联合举行示威游行，反对当地两家报刊为日本所收买，替日充当宣传侵华喉舌，以示对替日侵华宣传的反对。

欧洲华侨与国际友人的援华反日活动进行得热火朝天。1937年底，9国公约会议召开，旅欧华侨组织请愿团，法、德、荷、比等国19个侨团代表参加。他们做了大量有益工作。在此前后，全欧华侨抗联会还派代表专门采访了法国政府部门、各政党、工会、宗教等部门团体达40多个，并参加在巴黎召开的法国各政党、工会及其他民众团体讨论援华抗日的大会。

1937年9月，英国中国人民之友社发动大规模的游行，游行队伍在日本驻伦敦使馆附近高呼“撤去中国境内之日本杀人犯!”“召回你们的轰炸机!”等口号。10月，英国援华委员会先后举行四次由华侨和各界人士数千人参加的援华抗日集会。

9—10 月，英国曼彻斯特华侨与当地居民开展抗日集会活动达 30 多次。1938 年 5—6 月，英国援华社团发动两次大规模的援华周活动，数十万英国人和华侨参加援华周，英政府上层官员、工会领袖、共产党代表、记者等各阶层人士前来参加，在全英范围内形成了汹涌澎湃的援华舆论潮流，席卷了英伦三岛，震动了古老的大不列颠。

法国巴黎，是全欧华侨抗联会所在地，是欧洲华侨抗日救国活动的大本营。战时法国华侨与当地友人的抗日援华活动也异常活跃。从 1937 年 7 月到 1938 年 8 月的一年间，华侨和法国友人召开的抗日援华集会多达 350 次，散发传单 25 万份，参加人数至少有 50 万人。1937 年 12 月 22 日，法国中国人民之友社召开反日大会。大会入口处张贴数张日军在中国烧杀抢掠暴行的大幅照片。会议最后通过援助中国反对日本侵略的决议。1938 年五一节，6 万多名法国工人和华工在巴黎近郊集会游行，表示向中国抗日军民致以敬意，呼吁法国劳工起来抵制日货，制裁日本，援华抗战。援华抗日运动的火焰，燃遍了法兰西大地。

援华抗日活动在欧美以外各侨居地也此起彼伏。1938 年 1 月底，菲律宾马尼拉华侨和各界人士 5000 多人，召开拥护中国抗战大会，会后举行了声势浩大的示威游行活动。3 月 28 日，澳大利亚悉尼等大城市发起组织抗日援华游行大会。南非非洲援华委员会也和华侨一起，为中国抗日捐款。

得道多助，失道寡助。世界各地援华抗日活动广泛而深入地开展，说明中国的抗战不是孤立的，它赢得了世界爱好和平的国家及人民的广泛同情和支持。我们的朋友遍天下，日本侵略者越来越孤立。在世界范围内掀起的声势浩大的国际援华反日浪潮，广大华侨功不可没。

◎ 开展抗日外交

华侨在世界各侨居地繁衍生息，同当地各界人士及民众接触广泛，交往密切，因而他们做联络感情的工作有着便利的条件。抗战期间，广大华侨因此成为“天然”的国民外交专使——他们以非官方的，即民间交往的形式参加各种国际会议，在各国外交使节中进行援华抗日活动，并督促和协助中国政府驻外使馆贯彻实行抗日外交政策，以及向侨居地人民解释和宣传我国战时的对外政策等。

欧洲，集中了许多发达的资本主义国家，这里经常召开一些大型的国际会议。欧洲华侨利用这些便利条件，开展援华抗日的国民外交活动，全欧华侨抗联会在这方面做了大量工作。

1937 年 9 月，全欧华侨抗联会召开第二次代表大会，大会发表宣言，其中指出：“我们一方面要确定抗日的自主积极外交路线，正式宣布参加世界和平阵营，一方面也要公开反对日德防共协定，打破日寇对我的外交包围政策。”宣言主张联合英、美、法、苏，利用国际间一切有利中国的力量，形成国际反日阵线。宣言主张对外联合世界爱好和平民主国家的政府和人民，共同建立反对日德法西斯的联合阵线；对内要求国民党政府坚持独立自主的抗日外交政策，维护祖国外交尊严。

卢沟桥事变发生不久，全欧华侨抗联会派出巴黎中国书报社、巴黎中华民国国民抗日救国会、旅法华工总会、巴黎中国国联同志会等团体派代表八人到中国驻法使馆请愿。华侨代表呈递请愿书，要求大使馆转达祖国政府，“请其迅速发动全国总抗战，保护国土并收复失地”。请愿书陈述以前“我国当局退让之策，养成敌人无厌之欲，历史教训，至为痛心！”此次日本大举侵华，我国政府不能使卢沟桥冲突地方化，由外交途径解决此事件，而应率领全民族坚决抵抗。国家民族，生死存亡在此一举，政府当局诸公，“为功为罪，亦在此一举”。最后，请愿代表还要求使馆与华侨抗日团体“多多联络”，“互相扶助”。

1937年9月，国际联盟在瑞士日内瓦召开大会。9月12日，全欧华侨抗联会致函准备出席会议的中国代表驻法大使顾维钧，指出，日本大举侵华，烽火蔓延中原，中国军民英勇抗战，而英美各国一直徘徊观望，不肯坚决执行九国盟约，对日本侵略者加以制裁。现在国际联盟于日内瓦举行大会，应该“乘此机会作正义公理之呼吁，唤起各友邦之同情以争取和平之真正保障”。函中向顾大使提出，要求国联认定日本为国际侵略祸首、按国联盟约予以军事与经济制裁等五点意见。18日，顾维钧复函抗联会表示赞成，并打算按所提五条意见提交会议，“冀慰期望”。欧洲华侨为我国驻外使节利用国际讲坛实行抗日外交出谋划策，撑腰打气，起到了参谋和助手的作用。

1937年11月，比利时首都布鲁塞尔召开九国公约会议。会前，全欧华侨抗联会通告全欧华侨团体，派遣代表赴比共同进行国民外交活动。会议开始后，到会的有全欧华侨抗联会、巴黎中国学生会、旅法华工联合总会、巴黎中国书报社、德国抗联、旅荷华侨救国后援会、海牙华侨救国后援会、旅比华侨抗战后援会、全比中国学生会等18个侨团代表20多人，联合组成请愿团向大会请愿，三次访问中国大使顾维钧、郭泰祺等人，向他们提出在抗日外交政策上对九国公约会议之基本意见：

（一）尊重国际公约的精神，执行公约义务；

（二）以具体有效方法制裁侵略者；

（三）反对一切调解，并向大会表示中国要抗战到底，誓死驱逐日寇，非收回一切失地不可。

……

请愿团与我国驻欧大使配合，遍访与会各国代表团，举行记者招待会，并向大会主席斯巴克递交法文请愿书，特以英文印本分致英、美代表团，请求援华制日。欧洲华侨对九国公约会议的这些国民外交活动，鼓舞并协助了中国外交代表团的工作，配合了中国使节在欧洲的抗日外交活动。

美国是世界上最发达的资本主义国家，各国使节众多，来往频繁。美国华侨注意利用这些有利条件，广泛开展抗日外交活动，取得显著成绩。

抗战爆发后，旧金山华侨曾把要求美国总统罗斯福修正中立法案、促使美国国会通过授权美总统禁止军火运日，作为一项重要的国际援华活动。1941 年美国讨论通过租借法案时，会议提案人员限于援英。旧金山著名侨领邝炳舜探悉后，心急如焚，立即发动侨胞多方活动，各向其熟悉的美国参众两院议员游说，请求对华予以同等看待。美友好人士的努力和中国政府的争取，终使美国政府通过的租借法案同样适于中国。

1940 年底，纽约华侨和美国各界人士举行援华大会，与会者有美国联邦公安部长麦克纳特、前两届总统候选人威尔基、前海军部长爱狄生和著名编辑李普曼等名流和中国驻美大使等。华侨借此机会广泛活动，请与会者声援中国抗战。

1942 年七七抗战纪念日，华盛顿华侨举行纪念大会，会后举行游行示威，不少国家驻美使馆人员加入游行行列。旧金山华侨是日举行盛大集会，旧金山市长与 27 个国家驻旧金山领事馆均派代表参加，使纪念宣传中国抗战的大会，变成一次大规模的国民外交大会。

南美洲的古巴华侨在 1941 年 7 月，发起举行抗战纪念大会，美国大使、英国公使、波兰总领事及古巴知名人士参加了万人大会，其中有人在会上发表演说，盛赞中国为和平而战，应予援助。各国使节、华侨的演讲声，通过古巴广播电台的实况报道传遍美洲各地。

侨居日本的华侨艰难地生活在日本法西斯国家，他们因祖国的大好河山和亲人惨遭侨居国军队的蹂躏屠杀，心里很不好受。1938 年元旦，日本华侨秘密集会，请驻横滨中国总领事通报祖国抗战情况，与会侨胞皆表示拥护祖国抗战到底，中国使馆人员受到感动。侨胞在日本侵略者的老巢从事爱国活动，充满了勇气和胆量。但后来他们大多遭到各种迫害。

因日本外交压力，1940 年 7 月 17 日，英国政府宣布封闭我国西南的滇缅公路三个月。马来亚槟华各侨团代表集会，议决致电英国首相，请求准期开放滇缅公路。10 月，缅甸华侨救灾总会接到我驻英大使关于滇缅路禁运已届三月的来电之后，即召开理事会，议决举行滇缅公路复运宣传周，并致电英国政府说："滇缅路协定期满，恳即准予复运，以慰群情。"后经中英、中缅外交协商，滇缅路终于重新开放。

广大华侨是我国抗日外交的使者，是我国驻外使节的得力助手，是争取国际援华抗日的桥梁和纽带。